HISTOIRE

DE LA

GUERRE EN BOURGOGNE

SIXIÈME SÉRIE. — Format grand in-8°.

JERNIQUE sc

(Dessin de Ch. Rémond. — Extrait des *Batailles de Nuits*).

HISTOIRE

DE LA

GUERRE EN BOURGOGNE

PAR

GAUDELETTE

INSPECTEUR DE L'ENSEIGNEMENT PRIMAIRE

263
1894

PARIS

LECÈNE, OUDIN ET Cⁱᵉ, ÉDITEURS

15, RUE DE CLUNY, 15

—

1895

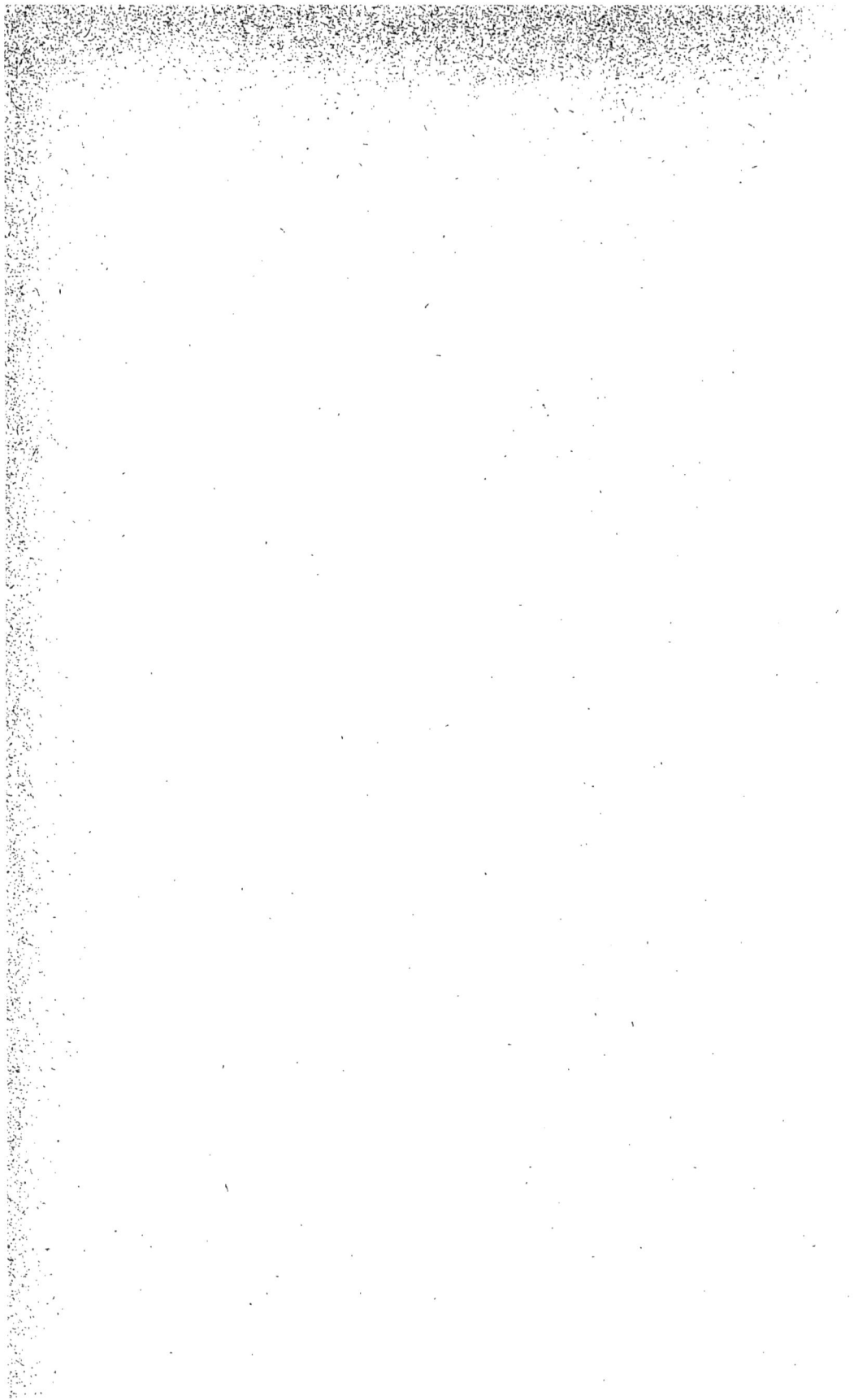

PRÉFACE

Depuis neuf ans que j'ai l'honneur d'être Inspecteur dans la Côte-d'Or, j'ai constamment entendu émettre ce vœu : Pourquoi n'avons-nous pas un récit succinct des événements de l'Année terrible dans le département ?

En 1883, le Conseil général de l'Aisne, sur la proposition de son regretté président, M. Henri Martin, prit l'initiative de faire réunir par une Commission spéciale les éléments d'une histoire du département pendant la période de la lutte franco-allemande.

Après cette session, j'eus le bonheur de voir mon illustre compatriote, dans son modeste logement de la rue Vital, à Passy, et sur ses conseils, sur la promesse de son précieux concours, je me décidai à mettre à exécution le projet que j'avais conçu d'écrire un petit volume où seraient résumés les faits principaux de la guerre dans la Côte-d'Or.

Peu de temps après, M. Henri Martin mourait, et j'étais ainsi privé d'un concours d'un prix inestimable.

Je résolus néanmoins de mettre mon projet à exécution.

Les instituteurs du département, à qui je me suis adressé, se sont empressés de me signaler ce qui s'était passé dans leurs communes ; bon nombre de relations, très intéressantes au point de vue local, n'ont pu trouver place dans ce livre, son cadre n'étant pas assez vaste pour y insérer des faits d'un intérêt secondaire.

Je n'en suis pas moins très reconnaissant à ces maîtres, et je leur adresse ici mes sincères remerciements.

Pour des raisons qu'il est facile de comprendre, je n'ai pas cru devoir m'étendre sur les opérations militaires ; la compétence me fait défaut. Pour cette partie de mon récit, j'ai puisé à des sources autorisées, notamment au Journal de la Guerre, dont l'auteur, M. Clément-Janin, a raconté avec fidélité les faits dont il avait été témoin. Il avait gracieusement mis à ma disposition les deux volumes qu'il avait écrits sur cette douloureuse époque, et je lui en conserve la plus affectueuse gratitude.

Nous devons à l'obligeance de M. Ch. Rémond plusieurs des gravures qui ornent cet ouvrage : elles sont extraites de son livre si intéressant sur les Batailles de Nuits (1), que nous avons souvent cité.

Mais ce que j'ai surtout essayé de mettre en relief, c'est ce qui est généralement ignoré jusqu'ici : ce sont les actes de dévouement obscur de héros ou de martyrs inconnus ; ce sont les courageuses initiatives, ce sont les faits, ici d'arbitraire, là de sauvagerie, qui ont marqué le passage d'un vainqueur impitoyable.

N'est-il pas bon, en effet, d'empêcher l'oubli de s'étendre sur des actes de patriotisme qui sont l'honneur de ceux qui les ont accomplis, et de les proposer en exemple à ceux qui seront la France de demain ?

(1) LES BATAILLES DE NUITS par Ch. Rémond, un volume in-8° avec 4 cartes et 15 croquis dessinés par l'auteur. Berger-Levrault et Cⁱᵉ, Editeurs à Paris, 1884.

HISTOIRE DE LA GUERRE EN BOURGOGNE

CHAPITRE I

LES PRÉPARATIFS DANS LE DÉPARTEMENT.

La France, qui avait été habituée à vaincre, ne pouvait se figurer que la fortune, surtout celle des armes, est inconstante dans ses faveurs.

Ce fut le 19 juillet 1870 que la guerre fut déclarée à la Prusse.

On accueillit cette déclaration avec la conviction que notre pays ne pouvait être trahi par la destinée; cette conviction dura peu.

Nous ne pouvions, en effet, mettre en ligne, au début de la guerre, que 250,000 combattants ; on ne pouvait compter immédiatement sur les réserves; armes, vivres, munitions, objets de campement, outils, chevaux, tout manquait ; aucun service n'était bien organisé; les corps d'armée ne s'éclairaient pas et n'étaient pas à portée de se secourir. Nous n'étions donc pas prêts, quoi qu'on en ait dit. Cependant les 250,000 hommes amenés à la hâte en Alsace et en Lorraine formaient une très belle armée, confiante, disciplinée, solide, capable de remporter la victoire dans un coup de fortune. Mais un plan de campagne déplorable avait dispersé cette armée de la France tout le long de la frontière, en corps détachés de 20 à 30,000 hommes, trop faibles pour résister individuellement aux masses écrasantes d'outre-Rhin. Dès l'ouverture de la campagne, les Allemands disposaient de trois armées formant une masse de 340,000 hommes et 170,000 de renfort à portée, sans compter la landhwer. Ces armées étaient bien groupées, abondamment pourvues de tout, éclairées à de grandes distances par une excellente cavalerie. Nos corps d'armée, trop distancés pour se porter secours, étaient forcément destinés à être vaincus en détail, malgré leur héroïsme, par une force concentrée dont la marche en avant ne pouvait être retardée, même par des pertes énormes.

Par une négligence que n'ont jamais commise les généraux les plus victorieux, on n'avait aucunement songé à défendre les derrières de l'armée, ou plutôt des petites armées qui s'appuyaient sur des places fortes sans canons, sans munitions; elles étaient sans vivres, même sans ambulances ! Il semblait que la campagne dût se passer toute en succès, en invasion de l'autre côté du Rhin. Pas un passage des Vosges n'était gardé, pas une ville n'offrait la moindre ressource en cas d'échec. En sorte que, dès les premières défaites, il a fallu fuir bien loin, jusqu'à Châlons, dans un désordre navrant, précurseur de la défaite.

Au lieu de Berlin, au lieu du Rhin qu'on nous assignait comme but, il nous fallut renoncer à la victoire en pays ennemi et songer à défendre le sol sacré de la Patrie. Les défaites se succédèrent avec une foudroyante rapidité : le 4 août, le général Douai est vaincu à Wissembourg et s'y fait tuer froidement, sciemment ; le 6, Mac-Mahon est écrasé à Reischoffen, malgré les charges légendaires des cuirassiers ; le 9, Strasbourg est investi ; le 31, Bazaine est bloqué dans Metz, après les héroïques combats de Borny et de Gravelotte.

A Châlons se rassemblaient nos débris, capables encore d'un effort qui pouvait sauver la France. Pour cela, il fallait prendre temps, faire masse et s'appuyer sur Paris, dont les vastes fortifications eussent servi de base à nos opérations, mais la retraite sur Paris, c'est le signal d'une révolution ; et alors le commandant en chef de l'armée de Châlons, cédant à des ordres d'un intérêt purement dynastique, remonte brusquement au nord. Sans doute, à Sedan, malgré la disproportion des forces, de Mac-Mahon aurait sauvé l'armée par une retraite à l'est, s'il n'eût été blessé, et si un nouveau commandement, venant de Paris, au moment où le général Ducrot prescrivait le mouvement sauveur, n'eût rengagé la bataille dans des conditions désastreuses.

L'armée de Metz, admirable dans ses marches et ses campements, a pu sortir. Il n'y avait qu'à continuer après l'une ou l'autre des grandes sorties qui furent de vraies batailles, et l'armée de Metz en campagne et marchant vers Paris pouvait, comme celle de Sedan, rendre l'investissement impossible et remettre tout en équilibre. Parmi bien des lenteurs et des pourparlers, la famine est venue, et il a fallu donner au monde le spectacle de la plus étrange capitulation qu'on ait jamais ouïe : une armée de 150,000 hommes, appuyée sur une place de premier ordre qui se rend, ou plutôt qui est rendue.....

Le Gouvernement de la défense nationale fit alors appel à tous les enfants de la France pour lutter contre l'envahisseur ; il espérait pouvoir ramener encore la victoire sous ses drapeaux ! C'était une douloureuse illusion. Si l'armée régulière, avec son artillerie et sa cavalerie, impossibles à réparer en un jour, ni même en un an, a été vaincue, que pouvaient faire des armées improvisées, pleines de patriotisme sans doute, mais ni aguerries, ni expérimentées, avec des officiers et des sous-officiers qui n'en savaient guère plus que leurs soldats ? Le métier militaire ne s'apprend pas sans temps ni sans école.

La Côte-d'Or fut un des premiers départements où les Allemands rencontrèrent de nouvelles forces, composées de francs-tireurs de tout nom et de tout pays, de gardes nationales mobiles et mobilisées.

Le comité de défense, siégeant à Dijon, réunit des armes offertes par les habitants, des munitions, des approvisionnements ; il fit exécuter des travaux de défense consistant en coupures de routes au moyen de tranchées et, d'abatis d'arbres sur les limites du département. Beaucoup de ces travaux furent très bien placés, exécutés avec autant de rapidité que d'intelligence ; très peu furent utilisés, et, au dire de l'ennemi, rien ne manquait à ces préparatifs qu'un plus grand nombre de soldats pour les défendre. Pendant ce temps, les gardes nationaux mobilisés s'exerçaient sous la direction d'anciens militaires et se faisaient remarquer par leur bonne volonté et leur entrain.

On a ri de ces préparatifs ; on a dit qu'ils étaient inutiles ; qu'il n'était pas possible d'arrêter le flot de l'invasion, véritable inondation ; mais quand il s'agit de défendre ses foyers, ce qu'on a de plus cher au monde, tous les efforts sont sacrés ; et, à quelque parti qu'on appartienne, c'est un devoir de rendre hommage au zèle patriotique des hommes qui les ont provoqués.

A la nouvelle de nos désastres, un magnifique élan se produit ; toute la Côte-d'Or se lève : ses mobiles se battent et se font tuer à Paris ; ses mobilisés se mettent en route pour marcher au Prussien ; ses gardes nationales s'exercent et veillent, les francs-tireurs s'en vont courir et fouiller les bois ; les femmes travaillent aux vêtements de campagne improvisés ; la ville et les particuliers épuisent leurs épargnes pour subvenir aux frais d'une défense héroïque.

Il était donc impossible de se dévouer pour le pays plus que ce noble département de la Côte-d'Or ne l'a fait ; et si nos soldats, chez qui l'amour de la Patrie était poussé jusqu'à l'abnégation de la mort, savaient qu'ils couraient à la défaite, du moins ils ont sauvé l'honneur !

CHAPITRE II

COMMENCEMENT DES HOSTILITÉS DANS LA CÔTE-D'OR. — TALMAY, JANCIGNY (27 *octobre*).

La Côte-d'Or peut avoir la juste prétention d'avoir été un des premiers départements de la France par le dévouement et l'activité dans ces jours de douloureuse épreuve. En moins de trois mois, le département avait fourni à l'armée régulière et aux corps mobiles, mobilisés ou francs, plus de 40,000 hommes, et quand l'ennemi était à ses portes, il n'en restait plus qu'un petit nombre, 7,000 environ, courageux, pleins d'ardeur, mais mal armés, et par suite impuissants ; dépourvus des accessoires les plus indispensables, sans chevaux, sans bouches à feu, il était difficile de les opposer aux troupes allemandes avec la chance de succès que toute entreprise militaire exige.

Voici comment s'engagèrent les opérations militaires dans la Côte-d'Or :

« Le 17 octobre, une dépêche annonçait que les Allemands, ayant franchi les Vosges par deux cols, marchaient sur Vesoul, occupaient Saux, à 25 kilomètres à l'est, et Fougerolles, au delà de Luxeuil.

« Un bataillon de gardes mobiles de la Loire, qui se trouvait à Dijon, fut mis en route pour Langres, sur le chemin de fer, mais il ne dépassa pas Gray, et d'autres troupes étant dirigées sur Dijon, il fut emmené à Lyon.

« On apprenait le 20 qu'un combat avait été livré à Pennessière, sur la route de Vesoul à Besançon ; les Allemands régnaient déjà en maîtres dans la Haute-Saône, et Gray était devenu le quartier général de Werder.

« Des reconnaissances nombreuses étaient faites entre la Saône et l'Ognon. Le corps en formation à Dôle, sous les ordres de Garibaldi, comptait à peine 4,000 hommes ; il n'avait pas d'artillerie et devait se borner à des escarmouches, ce qu'il fit avec succès.

« De Gray, les Allemands paraissaient menacer Besançon, mais ils pouvaient aussi chercher un passage pour descendre la vallée de la Saône vers Lyon, ou s'emparer de Langres, afin d'avoir la disposition du chemin de fer entre les Vosges et Paris.

« C'est alors que le docteur Lavalle reçut du général Cambriels le commandement de divers corps réunis à Dijon, environ 10 à 12,000 hommes, sans artillerie, ni équipages, qui devaient garder le cours de la Saône entre Essertenne et Saint-Jean-de-Losne.

« Un autre corps de 6,000 hommes, à peu près, composé de gardes mobiles de la Loire, de la Haute-Garonne et quelques compagnies franches, avait pour mission de défendre les abords du département, de Fontaine-Française à Grancey ; il était sous les ordres du colonel commandant la légion de gendarmerie.

« Le 23 octobre, il y eut plusieurs engagements d'avant-postes entre Poyans et Nantilly, à 25 kilomètres de Pontailler, où la compagnie des volontaires de la Côte-d'Or se conduisit bravement.

« Le 26, le premier bataillon des mobilisés de la Côte-d'Or quittait Poyans pour revenir à Essertenne ; c'était une marche de flanc très dangereuse, mais qui fut exécutée sans qu'il en résultât rien de fâcheux. Les Allemands avançaient sur les deux routes de Gray à Dijon, par Fontaine-Française et par Essertenne ; ils abordaient ce village au moment où les derniers rangs français effectuaient leur retraite dans la direction de Talmay.

« Le lendemain 27, les Allemands prononcèrent leur attaque contre Talmay, grand village bâti presque tout entier sur la rive gauche de la Vingeanne, à six kilomètres de Pontailler, et sur le versant d'un coteau dont le relief ne dépasse pas quinze mètres ; cette situation est peu favorable à la défense contre un ennemi venant de Gray, puisque l'ensemble des habitations est dominé de près et que les défenseurs ont derrière eux une rivière qui n'est pas guéable partout. » (DE COYNARD, *La guerre à Dijon.*)

Des mobiles de l'Isère, secondés par des mobilisés de la Côte-d'Or, et commandés par des officiers énergiques et soucieux de leurs devoirs, attendent l'ennemi, et dès le matin le combat s'engage. Au début de l'action, nos troupes font subir des pertes sensibles aux Allemands et les forcent à reculer. Mais, après quelques heures d'une lutte acharnée, les ennemis reviennent plus nombreux ; la fusillade redouble d'intensité et, malgré des prodiges de valeur, nos mobiles sont culbutés, faits prisonniers et ramenés à Talmay, que le vainqueur occupe sans coup férir.

Il est midi, et la retraite est ordonnée.

Une fois maître de Talmay, l'ennemi y répand l'effroi et la terreur ; il veut rendre les habitants de la commune responsables du combat qui vient d'avoir lieu ; il rudoie tout ce qu'il rencontre, tire des coups de feu à tort et à travers, par les fenêtres des habitations.

Une malheureuse femme effrayée se sauve et se cache derrière un tas de fagots ; le bruit qu'elle fait est entendu des Badois qui fouillent partout ; un feu de peloton est dirigé contre elle, et l'infortunée victime de la peur du vainqueur tombe la poitrine trouée.

Aussitôt après l'affaire de Talmay, le premier bataillon des mobilisés de la Côte-d'Or fut seul porté en avant et, au lieu de suivre la marche principale, il se dirigea vers *Jancigny.* Ce village est situé, comme Talmay, sur la rive gauche de la Vingeanne ; il était occupé, ainsi que les hauteurs à l'Est, par les Allemands, qui engagèrent le combat dès que le bataillon fut à portée de leurs armes. Là encore, nous étions placés entre une colline et une rivière, position bien plus défavorable que la première, puisque, comme à Talmay, on avait la Vingeanne à dos et que l'ennemi occupait les hauteurs d'où son feu plongeait sur nos soldats. Les mobilisés ripostent vivement au feu des Badois, mais il fut impossible de résister longtemps ; la supériorité de la position, du nombre, de l'organisation et de la discipline triompha comme le matin et détermina une retraite précipitée sur Dijon. Trois compagnies de mobilisés se jetèrent sur la gauche, passèrent la Vingeanne et gagnèrent la forêt de Mirebeau ; les autres se dirigèrent sur Talmay, occupé par l'ennemi ; elles furent cernées et prises : 430 hommes furent ainsi faits prisonniers.

Les troupes qui avaient marché vers Pontailler furent ralliées, remises en ordre, et opérèrent, sous la direction du colonel d'état-major Bousquet, un retour offensif contre Talmay, où il ne restait que 3 à 400 Allemands qui se retirèrent sans faire feu. L'objet de ce mouvement était de reprendre les prisonniers, mais ils avaient été rapidement dirigés sur Gray : on ne les revit pas ; on ramena quelques blessés et plusieurs voitures chargées de fusils.

Le corps envoyé à Fontaine-Française sous les ordres du colonel Deflandre, commandant la légion de gendarmerie, fut attaqué à Saint-Seine-sur-Vingeanne en même temps que les troupes de Talmay ; il y eut quelques moments d'une résistance énergique, mais bientôt il fallut se décider à la retraite ; les mobiles de la Loire, qui formaient le noyau du corps, rentrèrent à Dijon en même temps que les mobilisés échappés de Jancigny. La direction de cette expédition de Talmay et de Jancigny a soulevé une critique sévère, mais elle a été marquée par des traits nombreux d'admirable courage ; si les chefs étaient pour la plupart étrangers aux notions de la guerre, les soldats ont presque tous compris la situation et supporté les plus pénibles épreuves sans faillir à leur devoir. Fidèle à son système d'intimidation, l'ennemi imposa à la commune de Talmay une forte contribution de guerre en argent et en nature ; il fit arrêter un certain nombre d'habitants notables qui furent entassés dans l'église. Après une nuit d'angoisses, ils furent emmenés à Essertenne pour y être interrogés par le général qui devait statuer sur leur sort. Aucun fait n'ayant pu être établi contre eux, les prisonniers furent mis en liberté. Les maisons des habitants qui s'étaient enfuis à l'approche de l'envahisseur, furent mises au pillage. M. le baron Thénard fut emmené comme otage à Brême et y resta jusqu'à la conclusion de la paix.

Une ambulance modèle était établie chez les sœurs de Saint-Vincent-de-Paul, à Talmay ; tous les blessés y recevaient les soins les plus empressés, à quelque nationalité qu'ils appartinssent. Ils semble que ces ambulancières eussent dû avoir droit au respect de tous. Il n'en fut pas ainsi : car elles aussi eurent à subir les vexations et les violences de la soldatesque teutonne.

A Maxilly, la découverte de barils de poudre et de cartouches avait inquiété les Allemands. Des recherches minutieuses furent ordonnées et, chose inouïe, on viola la sépulture de M. Tixier, propriétaire, décédé récemment, l'ennemi soupçonnant que cette tombe encore fraîche pût renfermer soit des armes, soit peut-être le corps d'un des siens.

Dans la nuit du 29 octobre, un pauvre idiot, sorti récemment de l'asile des aliénés, cherchait à rentrer chez ses parents ; mais, voulant éviter la rencontre des Prussiens dans les rues de Maxilly, il avait fait un long détour. Une sentinelle ennemie l'aperçut, et comme l'infortuné ne répondit pas au « *Werda* », un coup de feu lui laboura les côtes, et, chose bizarre, la balle, continuant son trajet, alla couper la mâchoire à un Prussien qui fourrageait dans les vergers.

Ces procédés, dignes d'un autre temps, faisaient suffisamment pressentir quel serait le caractère de la guerre qui commençait, et ce que les populations de la Côte-d'Or avaient à

Plan de la bataille de Dijon (30 octobre)

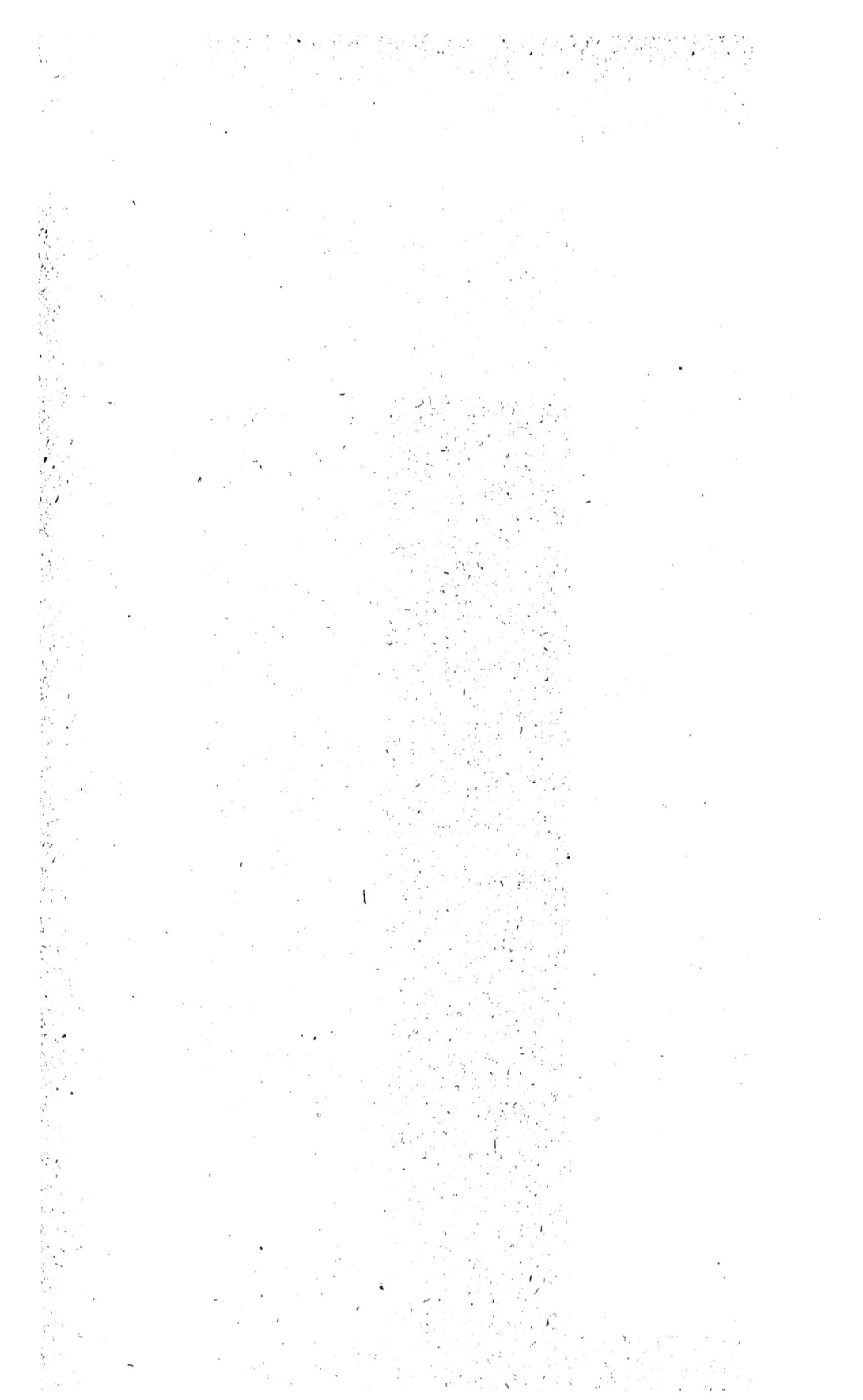

redouter de cette soldatesque victorieuse, de ces vainqueurs sans dignité, horribles par leurs cruautés inutiles, et par tous les autres côtés grotesques !

<hr/>

CHAPITRE III

LA JOURNÉE DU 30 OCTOBRE. — BATAILLE DE DIJON.

Le commandement des forces réunies dans la Côte-d'Or fut confié au colonel de gendarmerie, baron Fauconnet, qui arriva de Marseille le 27 octobre, à 5 heures du matin. Il avait l'ordre de réoccuper Pontailler et de couvrir Dijon en s'établissant à Arc-sur-Tille. Dès son arrivée à Dijon, il avait prescrit d'en préparer la défense ; mais son opinion se modifia après avoir reconnu les abords de la ville ; il lui parut que la défense contre de l'artillerie était impraticable. Le conseil de guerre jugea aussi cette résistance impossible. Cependant, sous la pression de l'opinion, les autorités changèrent d'avis ; elles revinrent au parti de la défense et télégraphièrent à Beaune pour demander au colonel Fauconnet, qui s'y trouvait, de ramener à Dijon les forces qui en étaient parties dans la nuit.

Pendant la nuit du 29 au 30 octobre, le colonel Fauconnet revint avec un bataillon de mobiles de l'Yonne, un détachement de mobiles de la Lozère et de la Drôme, environ 150 francs-tireurs du Rhône et 1,060 hommes, comprenant 160 chasseurs à pied du 6e bataillon parti d'Auxonne, plus des détachements des 71e et 90e régiments d'infanterie; en tout, moins de 3,000 hommes.

Pour l'intelligence des faits, il est indispensable de connaître la topographie du terrain environnant le chef-lieu du département.

« Dijon est situé au point où l'Ouche, rivière de médiocre importance, quitte une vallée profonde dirigée de l'ouest à l'est, avec des versants à pentes rapides et escarpés, pour entrer dans une vaste plaine onduleuse dont la largeur, de l'ouest à l'est, varie entre 15 et 20 kilomètres, qui commence en réalité à 6 kilomètres au nord de la ville et s'étend au sud jusqu'à la Saône, suivant une pente générale vers le sud-est; le relief des hauteurs qui entourent la plaine au nord et à l'est ne dépasse pas 60 mètres ; celui des ondulations est à peine de 30 ; la Tille, en coulant du nord au sud, baigne le pied des hauteurs de l'est ; la Norge et plusieurs autres ruisseaux arrosent les dépressions laissées entre les petites collines. L'ensemble a un aspect découvert, bien qu'il s'y trouve quelques bois. La ville est dominée au levant par un mamelon bas et à pentes douces. Le parc de Montmuzard, clos de murs, occupe, sur une largeur d'à peu

près 600 mètres, toute la pente depuis le sommet jusqu'à la voie
ferrée ; le mamelon s'étend de Saint-Apollinaire à Mirande. Il
règne à l'ouest une suite de contreforts boisés, à versants ro-
cheux, divisés par des vallées analogues à celle de l'Ouche. Les
mamelons de Fontaine, de Talant et de la Motte-Giron, sont détachés de cette chaîne et dominent Dijon à environ 3 ou 4 kilomètres au nord-ouest et à l'ouest, avec un relief de 150 à 170 mètres. Les deux premiers sont séparés du massif des collines
par une longue et profonde dépression qui permet de voir le
pays à une grande distance ; il en est de même à la Motte-
Giron.

« Pour occuper Dijon, en venant de l'ouest, il faudrait commencer par se rendre maître des deux villages, ce qui n'aurait
lieu qu'avec des pertes considérables. La route de Paris par
Châtillon et Troyes passe entre Fontaine et Talant ; Daix est
au pied d'un contrefort à 2 kilomètres de Fontaine ; Hauteville,
à 3 kilomètres, est sur une croupe élevée qui se dirige de l'est à
l'ouest, en inclinant un peu au nord, pour finir au village d'Ahuy.
Les routes de Langres, d'Is-sur-Tille, de Gray, parcourent
la plaine onduleuse ; celle d'Auxonne est sur la rive gauche de
l'Ouche : celle de Beaune suit le pied des hauteurs de l'ouest
qui constituent la Côte-d'Or.

« Telle est la disposition du terrain aux environs de Dijon. En
consultant la carte, il est facile de comprendre qu'un corps
ayant mission de s'établir dans la ville ne se présenterait que
par les routes de Langres, de Gray, ou par le chemin de Mirande, parallèle à la route d'Auxonne. » (DE COYNARD.)

Après les combats de Talmay et de Jancigny, les Allemands
marchèrent immédiatement sur Dijon.

Le 30 octobre, au point du jour, le détachement de 160 chasseurs du 6ᵉ bataillon rejoignait, près d'Arc-sur-Tille, environ
300 volontaires, francs-tireurs et gardes nationaux de Dijon. Les
détachements d'infanterie et de gardes mobiles les soutenaient.
Les Allemands, forts de deux brigades mixtes, étaient partis de
Mirebeau et de Talmay dès le matin ; vers 9 heures et demie,
la tête de la colonne venant de Mirebeau, sous les ordres du
prince Guillaume de Bade, arrivait à Magny-Saint-Médard, où
elle apprenait que des détachements français avaient paru à
l'ouest d'Arc-sur-Tille, pour disputer le passage, ainsi qu'à Orgeux, sur la route de Fontaine-Française ; un détachement de
250 hommes partit aussitôt, en appuyant à droite, vers Orgeux,
pour attaquer Varois et Chaignot. Une batterie d'avant-garde
ouvrit, de la route d'Arc-sur-Tille, le feu contre Chaignot et
Varois, où la route venant de Pontailler se joint à celle de Fontaine-Française.

Entre la Tille et la Norge, le terrain est plat, boisé, humide
et coupé de prairies. Orgeux touche à la Norge et à la route
par une petite élévation. Chaignot, à un kilomètre de Varois, est
dans une situation analogue. Le village de Couternon est à la
même distance au sud de la route d'Arc-sur-Tille et sur la rive

droite de la Norge ; Quetigny, à 3 kilomètres et demi au sud-
ouest de Couternon, est sur le versant du mamelon allongé,
situé à l'est de Dijon.

Un détachement de 500 hommes environ attaqua Couternon
d'où les volontaires tiraient sur la colonne allemande, et il continua son mouvement vers Dijon par Quetigny. Ce détachement
formait l'aile gauche de l'ennemi ; il devait, comme celui qui
avait été envoyé à Orgeux, prendre en flanc les défenseurs de la
route. Dans ces conditions, la résistance était difficile. Toutefois la compagnie de chasseurs, par sa bravoure et la justesse
de son tir, infligea aux Allemands des pertes relativement im-
portantes. Les abords de Quetigny furent énergiquement défen-
dus : la cavalerie s'étendit sur les deux flancs, l'infanterie fut
déployée et occupa bientôt Saint-Apollinaire.

La position était des plus critiques et toute résistance efficace
devenait impossible. Mais il fallait sauver l'honneur de la ville,
et on n'hésita pas. On mit en avant les volontaires dans les fossés ; puis, derrière eux, les chasseurs formèrent une ligne de
tirailleurs. On voyait l'ennemi en groupes noirs s'avancer, se
déployer en demi-cercle, étendre ses ailes et ses canons sur un
front de 3 kilomètres ; la fusillade siffle, bourdonne et la mi-
traille déchire l'air de ses coups de fouet ; les obus ronflants
tombent dans la terre labourée et la font sauter en gerbes de
boue. Il y avait là mille Français, mille braves ! sans un canon,
sans un cheval, contre 6,000 hommes appuyés par deux batteries et de bonne cavalerie. On bat en retraite d'arbre en arbre,
de fossé en fossé ; sur la chaussée mille choses ricochent : les
tas de pierres, les bornes volent en éclats. A mesure que la
petite troupe française se rapproche de Dijon, le demi-cercle
ennemi avance et allonge ses deux bras pour étreindre la ville.

Au moment où l'ennemi occupait Saint-Apollinaire, les gardes
nationaux sédentaires, jusqu'à 60 ans, étaient appelés sous les
armes ; ils avaient repris des fusils le matin, des cartouches
leur furent distribuées, et ils furent conduits par détachements
de compagnies vers le point où la route de Gray sort de Dijon.

On avait élevé sur cette route et au moyen de traverses appor-
tées du chemin de fer, une espèce de barricade à peu de distance
au delà du parc de Montmuzard. La route était barrée, mais le
passage était libre à droite et à gauche, sans autre obstacle que
les vignes.

La première ligne allemande occupait la crête du mamelon
de Saint-Apollinaire ; une batterie fut placée au nord-ouest du
village, elle prenait en flanc les troupes qui descendaient vers
la ville et envoyait ses obus sur le faubourg Saint-Nicolas. Ce
fut le commencement du bombardement. Trente-six pièces de
canon, placées un peu en avant de Mirande, battaient à la fois
la pente du mamelon, les abords et l'intérieur de la ville.
Malgré notre infériorité numérique, l'absence d'artillerie et de
cavalerie de notre côté, la résistance fut des plus vives toute
la brigade des grenadiers-gardes du corps badois fut engagée

sur deux lignes, et la marche de la 3ᵉ brigade fut pressée de manière à lui faire prendre part à l'action.

Les détachements de la garde nationale sédentaire, en arrivant sous le feu de l'ennemi, furent ébranlés par le choc des fractions de gardes mobiles qui descendaient de Montmuzard ; déployés alors en tirailleurs, ils restèrent isolés ; n'ayant pas tous leurs officiers à leur tête, leur action était ainsi neutralisée en partie. Les fermes de la Boudronnée et de la Maladière, qui touchent la ville au bas de la pente du mamelon oriental, furent occupées par les Allemands, qui attaquaient en même temps les maisons et les clôtures extérieures. La lutte s'accentua aux barrières de Langres et d'Ahuy. C'est là que tomba, mortellement frappé, le colonel Fauconnet, commandant supérieur des troupes.

Au sud-est, entre Mirande et la route d'Auxonne, le combat fut des plus sérieux. Là, une ligne française de tirailleurs essaya bravement de faire taire la batterie placée au sud de Montmuzard ; cette ligne se composait en grande partie des chasseurs du 6ᵉ bataillon qui ont, toute la journée, déployé la plus grande valeur. Ils étaient soutenus par les francs-tireurs du Rhône, par ceux de la Côte-d'Or, quelques gardes nationaux et des soldats d'infanterie.

De puissants renforts arrivent aux Allemands, la ligne se replie et le combat se poursuit sur la lisière de la ville. Partout la fusillade est d'une violence extrême. On élève des barricades à l'entrée des rues. Tout est mis en œuvre pour improviser une résistance acharnée, opiniâtre, désespérée. Jusqu'à la nuit, aux portes de la ville, les chasseurs, les soldats de la ligne continuèrent à se faire tuer bravement, mais non inutilement, car ils infligèrent des pertes très graves à l'ennemi.

Pendant trois heures, le bombardement continue méthodiquement, dans toutes les directions, pour jeter l'effroi partout. Rien ne fut respecté, ni églises ni monuments ; on choisissait surtout pour point de mire les ambulances où flottait le drapeau de la Convention de Genève. Comme ce bombardement ne donnait pas encore de résultats assez prompts, l'ennemi s'empara du faubourg de la Porte-Neuve, et là, pendant que la compagnie prussienne faisait le coup de fusil, deux ou trois camarades entrent dans les maisons, vident sur la paillasse ou dans l'armoire une gourde de pétrole, mettent le feu et s'en vont. Ils allument ainsi une dizaine d'incendies qui flambèrent toute la nuit et qui fumaient encore le lendemain.

A la nuit, la ville envoya parlementer. C'est alors qu'on vit cet ennemi qui enfermait Dijon dans un cercle de fer et de feu, qui était vainqueur sur toute la ligne, reculer de 3 kilomètres pour aller camper à Saint-Apollinaire. Avait-il peur d'entrer dans l'obscurité, au sein d'une cité qui avait fait une telle résistance, ou tenait-il à cacher ses morts, ses blessés, son désordre ? On ne sait.

Une convention fut signée le lundi 31 octobre, à 10 heures,

dans une petite chambre d'auberge, à Saint-Apollinaire , entre une délégation de la municipalité de Dijon et le général de Beyer. Elle stipulait qu'un cautionnement de 500,000 fr. devrait être fourni dans 48 heures ; le respect absolu des personnes et des propriétés était garanti, mais la ville ou les habitants devaient pourvoir à la nourriture et à l'entretien d'un corps de 20,000 hommes. C'était lourd , mais supportable. Au moins , la défense de Dijon, après avoir sauvegardé l'honneur , lui évitait d'être traitée en ville conquise.

En même temps que cette convention l'autorité municipale , dont l'attitude a été si digne , si patriotique pendant ces jours de deuil , publia la proclamation suivante qui fut approuvée de tous :

　　« Citoyens,

« La ville a hissé le drapeau parlementaire ; elle ne veut ni
« ne doit continuer une lutte stérile.

« Vous avez déployé dans la défense un courage qui vous
« honore.

« Comprimez votre douleur ! sauvez par votre patriotique ab-
« négation la vieille cité bourguignonne ; renoncez à vos armes,
« les porter serait exposer la ville au plus grand désastre; faites-
« lui ce sacrifice, et vous resterez, croyez-le bien, aussi grands
« dans l'adversité que dans la victoire. »

Dijon fut occupé par la division badoise, le 31 octobre, dans l'après-midi.

CHAPITRE IV

LES HÉROS DE LA DÉFENSE DE DIJON.

Le colonel de gendarmerie , baron Fauconnet , exerçait ses fonctions à Marseille , lorsqu'il fut nommé commandant de la subdivision de la Côte-d'Or. Dès le 27 octobre, jugeant la défense de Dijon impossible, il avait décidé la retraite des troupes sur Beaune. Sa dépêche du 28, au général Cambriels, portait : *« Je n'ai ni canons, ni chevaux. — Beaucoup d'armes en mauvais v état; un bataillon sans chaussures; tous sans tentes-abris, etc. »* En présence de forces ennemies considérables, pourvues d'une formidable artillerie, le conseil de guerre fut d'avis unanime que la défense de la ville était impossible. Mais le 29, sous la pression de l'opinion, on revint sur cette décision. et le colonel Fauconnet se mit en marche de Beaune pour Dijon.

Ce fut lui qui dirigea les opérations dans cette glorieuse

journée du 30. A une heure, il prend en personne le commandement des forces réunies sur la route de Gray. Son cheval est blessé sous lui. Aussitôt l'action engagée, il savait quelle en serait l'issue ; il l'avait prévue ; mais il n'en continua pas moins à diriger la résistance avec une énergique abnégation et aussi bien qu'il était possible de le faire. Convaincu de l'insuccès, il a fait les plus grands efforts pour continuer la lutte, et c'est lorsqu'il effectuait une tentative suprême qu'il fut frappé mortellement par un obus, à la barrière de Langres.

Transporté sur un brancard à l'ambulance des Capucins, il ne se fait aucune illusion sur sa position. Il cherche un instant le repos et, ne le trouvant pas, il dit à ceux qui l'entouraient : « *La résistance est inutile; on n'empêchera pas l'ennemi d'entrer* « *faites-le dire aux autorités de la ville* ».

Puis, sous sa dictée, il fait écrire à sa famille cette lettre laconique où se peignent si bien les sentiments de l'époux, du père et du patriote : « *Ma chère femme, mes chers enfants, je vous* « *embrasse de tout mon cœur; je vais bientôt mourir; j'ai fait* « *mon devoir* ».

Au moment où cet officier supérieur tomba mortellement frappé, il n'était encore que colonel. Un télégramme arrivé de Tours dans la soirée lui apportait, sur son lit de douleur, sa promotion au grade de général de division. Quelques instants après il était mort,

Le général Fauconnet a montré dans les douloureuses circonstances où il était placé, les qualités les plus essentielles du militaire en accomplissant son devoir de soldat et en déployant, dans la lutte, l'habileté et l'énergie d'un homme supérieur. Son nom vient d'être donné tout récemment à la rue où il combattit avec un courage héroïque et où il fut frappé à mort.

Dijon honore sa mémoire, et c'est justice.

Deux femmes méritent une mention spéciale dans cette journée du 30 octobre, et leurs noms devraient être inscrits au livre d'or de Dijon. La barricade de la Porte-Neuve s'élève sous le feu de l'ennemi. Une jeune fille, Mademoiselle Marie Bertaux, aujourd'hui Madame Bistch, encourage les travailleurs. Elle distribue ensuite des fusils et des cartouches ; puis, reprenant son rôle de femme, elle relève les morts, les blessés, et ne quitte la barricade que lorsque la bataille est finie.

Une sœur de Saint-Michel, *sœur Saint-Vincent*, est là aussi, avec les autres religieuses de la maison, les dirigeant, les encourageant et, les bras rougis jusqu'aux coudes du sang de ceux qui sont tombés autour d'elle, elle prodigue ses soins à tous avec un dévouement admirable.

Parmi les défenseurs de la cité, que de noms à enregistrer ! que de morts héroïques !

C'est d'abord un de nos vieux professeurs du lycée dont le nom est synonyme de modestie, de bravoure, lequel, accompagné de son jeune fils, fait le coup de fusil sur la route de Gray : j'ai nommé l'excellent M. *Dudrumel;* — c'est le capitaine *Guichard,* tombant à la tête de ses gardes nationaux ; c'est *Gentil*, qui reçoit 3 blessures mortelles ; c'est *Siméon*, qui, tombe foudroyé par 8 balles, à la Boudronnée ; c'est *Naigeon*, qui surpris contre le clos de la Folie, reçoit un feu de peloton, et s'échappe avec ses habits criblés et une balle au poignet ; c'est *Paillet*, architecte et professeur au lycée, qui est tué par un obus, rue Jeannin, alors qu'il venait de rassurer sa vieille mère sur son compte; c'est un pauvre déménageur qui avait affirmé à sa femme « *qu'il allait à son travail* » et qui, au moment d'être frappé, disait à ses compagnons d'armes : « *Si je meurs, je voudrais qu'on vînt me chercher dans ma grande voiture* ».

On n'en finirait pas si on voulait relever les noms de tous les hommes de cœur qui se sont fait tuer bravement pour sauver l'honneur de la cité, l'honneur de notre chère France : 160 tués, 341 blessés, 401 prisonniers, tel fut le bilan de cette sombre journée du 30 octobre 1870.

Que de pères de famille, que de jeunes gens couchés sur ce vaste champ de bataille qui formait une ceinture funèbre et ensanglantée autour de la ville !

Il faut encore ajouter un nom à ce nécrologe avec une mention spéciale, c'est celui de *Cave*, professeur au lycée de Dijon, parvenu à force de travail aux grades les plus honorables de l'université. Comme Dudrumel, comme Paillet, et comme Angelot, professeur au collège de Clamecy, qui reçut à l'aine la dernière balle tirée contre la barricade de la Porte-Neuve, Cave n'hésita pas, au moment du péril, à prendre son fusil. Deux batteries allemandes, placées au sud de Saint-Apollinaire, faisaient un feu très vif dans les vignes de Mirande pour en déloger les tirailleurs, au nombre desquels était Cave. On disputait le terrain avec un acharnement incroyable, avec l'énergie du désespoir. Le lendemain, on trouve à l'endroit même où la résistance avait été le plus accentuée, le corps de l'infortuné professeur, percé de cinq blessures, mourant, au milieu d'ennemis morts ; son cadavre fut porté dans la classe où il professait la veille. Toute sa vie n'avait été qu'espérance, efforts et déboires ; il avait perdu sa jeune femme ; il avait attendu vainement les justes honneurs dus à sa persévérance ; la terre ne le consolait pas, et pourtant d'un pas ferme il marchait toujours au devoir. Et maintenant dans sa dernière demeure, oubliant son atroce agonie sous la pluie, dans la boue, oubliant les douleurs de sa vie intime, les amertumes de son honorable mais pénible carrière et la triste pompe de ses funérailles, il sourit à l'orpheline à qui il a laissé ici-bas un nom glorieux entre tous!

Ah ! qu'on ne rie pas de cette défense de la vieille cité bourguignonne ! Qu'on ne vienne pas nous dire : « Mais la résistance était impossible; les mesures prises étaient ineptes ; on a sacrifié bien des vies pour arriver à un résultat négatif ». Autant d'erreurs. On a fait les plus grands sacrifices ; on s'est dévoué jusqu'à la mort ; et si partout, comme à Dijon, comme à Châteaudun, comme à Saint-Quentin, on s'était opposé à la marche de l'envahisseur, nul doute que le Gouvernement n'eût eu le temps d'organiser des armées et n'eût été en mesure de résister plus efficacement à l'invasion teutonne !

Gloire à vous, chers morts, qui, dans une cause désespérée, plutôt que de fuir, avez mieux aimé mourir ; vos noms sont inscrits sur le marbre ; ils sont un précieux enseignement pour nous, et nous voulons les perpétuer pour que votre souvenir reste à jamais gravé dans le cœur des enfants de cette noble cité et de ce beau département (1)

Quatre jours après la reddition de la ville, le 5 novembre 1870, le Conseil municipal décidait : « *Qu'un monument serait élevé en l'honneur des braves défenseurs qui ont été tués ou blessés*

_____

(1) Au cimetière de Dijon, l'Etat a acheté une concession, et il a fait construire un caveau, surmonté d'un monument dans lequel on a réuni les restes d'environ 2,000 militaires français et allemands inhumés sur le territoire de la ville, tant à l'extérieur qu'à l'intérieur du cimetière.

Un massif de maçonnerie construit sur la voûte de la crypte sert de base à une pyramide triangulaire qui est composée d'une assise de base formant le socle crénelé et de 3 assises superposées. La façade principale porte le millésime 1870-1871 et la dédicace : *Aux victimes de la guerre.* Les deux autres faces portent les inscriptions respectueuses : *Français, Allemands.*

La pyramide est couronnée par une croix en pierre.

AVX
VICTIMES
DE LA GVERRE

1870-1871

MONUMENT DE DIJON.

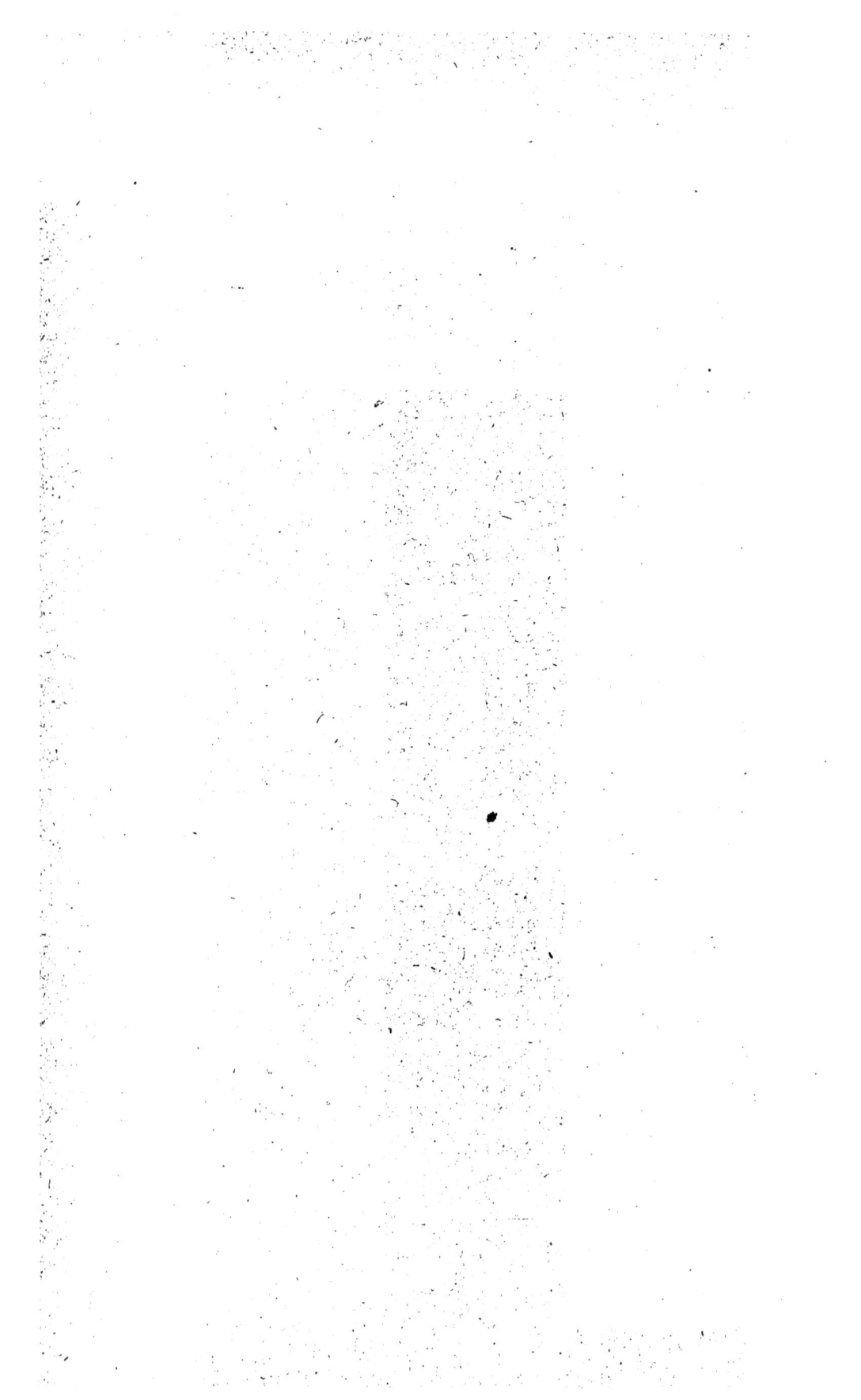

en repoussant, le dimanche 30 *octobre dernier l'attaque dirigée
contre la ville de Dijon par l'armée allemande* ».

L'exécution de la statue destinée à couronner ce monument
commémoratif fut confiée à Cabet, artiste dijonnais. De ses
mains était sortie une magnifique statue dont l'expression sai-
sissante était tout à la fois une consolation et une espérance :
elle représentait la *Résistance* sous les traits d'une femme à
la mine fière, énergique, tenant dans son bras gauche replié
un drapeau, tandis qu'un glaive brisé est dans la main droite.

En 1875, le mardi 26 octobre, veille du jour fixé pour l'inauguration de la statue qui couronnait le monument commémoratif, le général commandant la division d'infanterie, agissant
en vertu des ordres qu'il avait reçus du général commandant en
chef le 8e corps d'armée, fit procéder à l'enlèvement de la statue.
Un fait inouï se produisit alors : on ne trouva pas dans Dijon
un ouvrier, pas un seul, qui voulût prêter la main à cette
œuvre. Ce furent les soldats qui, obéissant à la consigne militaire, mirent la corde au cou de la grande statue : violemment
précipitée de son piédestal, elle se brisa, enfonçant dans sa
chute une partie du soubassement et de la balustrade qui
entourait le monument.

Cabet mourut peu de temps après ; mais son œuvre, reprise
par ses élèves et ses amis, reste comme un monument digne de
rappeler un des faits glorieux de la défense nationale.

Lors de l'inauguration officielle, le 30 octobre 1880, touté la
population valide de Dijon et des environs assistait à la céré-
monie, voulant ainsi donner par sa présence un témoignage de
sa pieuse reconnaissance.

A chaque retour de cet anniversaire, on organise un pèleri-
nage patriotique : on se rend en foule à la place du 30 Octobre :
des corporations, des familles, des amis discrets, ceux qui savent
se souvenir, vont religieusement couvrir le monument de couronnes. C'est, chaque année, une manifestation digne, réfléchie ;
un spectacle qui console que de voir cette foule recueillie, silencieuse, honorer et glorifier des combattants morts bravement
en défendant leurs foyers et en sauvant l'honneur du pays.

Dijon peut donc montrer avec orgueil son monument commémoratif, chargé de couronnes ; elle fait entendre par là qu'elle
prend fièrement place parmi les villes ouvertes illustrées par
leur défense, et nul ne songe à lui contester cette place
d'honneur.

CHAPITRE V

L'OCCUPATION. — CARACTÈRE GÉNÉRAL.

Dijon fut occupé, le 31 octobre, vers trois heures de l'après-midi, par une pluie battante; dans la ville en deuil, les magasins et les volets fermés, les rues désertes, commençaient à défiler les divisions badoises, venant de Saint-Apollinaire. Ceux qui regardaient en pleurant derrière les persiennes, virent alors à quelle armée ils avaient eu affaire. C'étaient de beaux bataillons bien rangés, marchant en tapant du talon, bien couverts de leurs vastes capotes; beaux et longs fusils, casques de cuir à paratonnerre de laiton bien astiqués, soldats courts, vigoureux et en bon état. Cavalerie, fourgons, artillerie, ambulances, tout était confortable et solide : 15,000 hommes, 2,000 chevaux, 60 canons, voilà ce qu'on avait donné pour quelques uhlans en maraude.

Il fallut aussitôt loger et nourrir cette invasion. Les hommes arrivaient tout droit avec armes et bagages, 4 ou 5 par maison, raides et silencieux, trempés et puants, avec cette férocité calme qui n'appartient qu'au barbare policé.

Le jour de la Toussaint, on s'était proposé d'enterrer solennel-lement les morts du 30 octobre dans une grande fosse creusée au milieu du cimetière. Cette consolation fut refusée aux habi-tants de Dijon. Les Allemands sont arrivés avec quelques char-retées de cadavres entassés dans des voitures à foin; ils ont réquisitionné la fosse, et versé dedans leur convoi sous les ra-pides prières d'un aumônier à eux. Les cloches se taisent par ordre. Le jour des *Morts*, les enterrements se font partielle-ment, sans autre pompe que le deuil public et la foule étouffant ses larmes.

A partir de ce jour, Dijon est devenu un tombeau vivant. Mal-gré les promesses des princes allemands, le chemin de fer a sauté, les fils télégraphiques ont été coupés, les paquets de dé-pêches ont été pillés au bureau, la poste a été complètement supprimée et même la boite aux lettres scellée. Il ne parvint plus en ville que des renseignements vagues, en dehors de ceux que donnaient les Allemands et qui n'étaient pas toujours exacts. On ne communique plus avec le dehors que par la ruse de quelque homme habile qui porte dans ses vêtements ou dans ses souliers quelques papiers.

En ville, on ne voit que tas de viandes palpitantes, vin porté à seaux aux avides envahisseurs. Les boutiques sont toujours fermées, les rues désertes. Les bataillons ennemis traversent les rues avec ostentation : les hommes se dandinent automati-quement au son rauque des tambours plats et des fifres à faire danser les ours. De temps en temps, ils assomment quelque passant tardif.

Dans la campagne, le bruit lointain du canon apprend chaque jour qu'on réquisitionne quelque village. Chaque matin, une division part avec des canons sur la route. On entend des grondements, et le soir on voit rentrer en ordre des bataillons crottés, suivis de quelques charrettes dont les unes contiennent des cadavres et les autres sont remplies de viandes et de blé.

Pendant que les Français, isolés dans le sépulcre de Dijon essaient de correspondre avec la Patrie, les Allemands songent d'abord et uniquement à l'argent et aux plaisirs. Le jour de leur entrée, ils exigent un demi-million à titre de garantie de la convention signée et aussitôt violée par eux dans les articles essentiels. Puis ils choisissent les bonnes maisons pour installer l'état-major, boire le vin du maître, voler les voitures et souiller ignoblement les chambres, dans une ville où l'on a juré de respecter la propriété privée. M. Von Werder brise le mobilier de l'hôtel de la Cloche, le jour où un commissaire de police envoyé en parlementaire l'avertit qu'à Beaune on fusillera les officiers allemands prisonniers, s'il ne veut pas cesser de faire fusiller les francs-tireurs qui se laissent prendre. M. Hohenlohe casse les bouteilles et laise brûler à même les bougies sur les meubles précieux, dans la riche maison où il loge. M. le prince de Bade se grise de champagne à l'hôtel du Parc ; M. Von Beyer et compagnie transforment en lieu d'orgie la Préfecture où, pendant que les soldats ivres déchirent et détruisent les registres dans les bureaux, au son de la musique, l'état-major danse et boit. Enfin ils pratiquent méthodiquement le brigandage qui consiste à mettre le pays en coupe réglée, proportionnelle et savante.

Comme les Allemands ne songent qu'à piller en règle les localités voisines de Dijon, la moindre alerte les met en déroute. Le samedi 12 novembre, toute l'armée part vers Gray avec armes et bagages ; la ville renaît, les boutique s'ouvrent. Des gens dévoués se remettent en campagne, sitôt que la ligne prussiene ne leur ferme plus le chemin ; quelques lettres arrivent, quelques fusils sortent de leur cachette. On s'aventure hors de la ville et on peut mesurer le désastre des campagnes. Le dimanche, 13, commence un jour de fête. Mais dans l'après-midi, on signale au nord un convoi couvert de drapeaux d'ambulances ; il entre en paix en ville au milieu de la foule calme. On pense que ces fourgons pacifiques viennent chercher dans les hôpitaux les blessés allemands, mais ces fourgons ne sont que l'avant-garde protectrice d'une nouvelle armée, des bords de la Sprée cette fois ; logements et réquisitions recommencent ; les habitants rentrent et courbent la tête sous la force énorme et brutale.

La mairie refuse toute fourniture et les Prussiens vont, à coups de canon, effrayer et piller les villages. Ils reviennent tous les soirs avec les chariots des paysans surchargés de foin et de pain, poussant des vaches, des taureaux, des moutons, qu'ils égorgent et dévorent aussitôt.

Huit jours après, l'attaque d'un poste à la nuit par quelques tirailleurs les a mis en déroute ; ils sont partis, Werder en tête, fantassins au pas de course, artillerie et cavalerie au galop: c'était une panique générale. Les dragons, fous de peur, tiraient leurs pistolets au hasard et saluaient les spectateurs stupéfaits. Le lendemain, ils sont rentrés en chantant par exception, car habituellement on n'entendait que leur pas lourd et automatique, rythmé par le tambour rauque et l'aigre fifre.

L'église Saint-Michel est envahie par cette horde disciplinée. Après les chants luthériens, un pasteur militaire, à la place du clergé chassé prêche aux vainqueurs leur religion. La même piété officielle s'exerce pour la partie catholique de l'armée, et il y a de bonnes âmes qui admirent l'attitude pieuse et recueillie des Prussiens à l'église.

CHAPITRE VI

LES BADOIS A SAINT-APOLLINAIRE, A VAROIS, A COUTERNON, A SAINT-JULIEN.

Saint-Apollinaire, petit village de 279 habitants, situé à 3 kilomètres à l'est de Dijon, sur la route qui conduit de cette ville à Gray, doit à cette situation d'avoir été si longtemps occupé et si cruellement éprouvé.

Les premiers éclaireurs badois ont été vus à Saint-Apollinaire le samedi 29 octobre, à 2 heures du soir. Le lendemain, à 11 heures, l'ennemi faisait son apparition sur le territoire de la commune. Avant de s'avancer plus loin dans la direction de Dijon, il avait eu le soin de briser toutes les portes fermées et de fouiller toutes les maisons, pour s'assurer qu'elles ne cachaient pas de soldats français. Le soir, retour à Saint-Apollinaire, où les Badois prirent possession du village comme une chose leur appartenant : mairie, église, maisons particulières, ils disposèrent de tout à leur guise, commandant avec arrogance, exigeant obéissance prompte, passive, absolue. Décrire tout ce que les habitants eurent à souffrir dans cette horrible nuit, serait impossible, et cependant ils n'étaient qu'au commencement de leurs peines, car, si la nuit avait été pénible à passer, la journée du 1er novembre le fut encore bien davantage. Dans chaque ménage, il y avait en moyenne 50 soldats exigeants, tracassiers, demandant toujours, jusqu'à lasser la patience des habitants les plus paisibles. Fatigué, on finissait par leur abandonner complètement la maison. Alors, on les voyait fouillant de la cave au grenier. Rien n'échappait à leurs investigations, à leur rapacité : vin, fruits, viande, provisions de bouche de toute sorte, tout fut englouti dans ces énormes estomacs. A ceux qui allaient se plaindre au commandant de la place, celui-ci répondait avec un sourire insolent : « *Messieurs, ce sont les lois de la guerre.* »

Du 2 novembre au 27, tout se passa assez tranquillement, mais une cruelle épreuve attendait les habitants le 28.

Dans la journée du 27, l'armée badoise, cantonnée à Dijon, avait été battue à l'ouest de la ville, dans les environs du village de Pasques. Alors, saisie d'une panique soudaine, toute l'armée quitta la ville dans le milieu de la nuit, se massa tout entière à Saint-Apollinaire et au delà du village jusqu'à Varois. Toute la nuit et la journée du lendemain, elle fut ainsi sur le qui-vive. Les soldats, fous de rage d'avoir été battus, firent souffrir mille avanies aux habitants. Dans l'espace de 24 heures, toutes les provisions en vin, grains, fourrage, qui restaient encore, furent pillées. Deux caves, dont les entrées avaient été dissimulées, furent découvertes, et tout le vin qu'elles contenaient fut absorbé en quelques heures.

Au milieu du jour, toute la soldatesque badoise était au paroxysme de la fureur. A ce moment, les deux jeunes filles de Madame veuve Pouteaux, qui avaient quitté le village avec leur mère, y étaient rentrées pour voir ce qui se passait à leur domicile. N'osant s'y rendre seules au milieu d'une nuée de soldats ivres qui l'avaient envahi, elles supplièrent MM. Simon, adjoint, et Mathey (Jean), conseiller municipal, de vouloir bien les accompagner. Précisément, leur maison était l'une de celles où l'ennemi avait découvert une cave murée. A la vue de ces quatre personnes qui n'avaient pourtant rien de menaçant, tant s'en faut, les Badois se précipitèrent sur elles sabre au poing. Les deux orphelines s'enfuirent par la route de Dijon, qui était libre, et ne furent pas poursuivies. Quant à l'adjoint et au conseiller municipal, ils furent roués à coups de plat de sabre, puis garrottés étroitement et attachés tout sanglants à une roue de voiture. Ils restèrent dans cette position, exposés aux insultes de l'ennemi, pendant plus d'une heure. Enfin, ils furent délivrés de leurs entraves et conduits devant le chef militaire.

Forts de leur innocence, ils croyaient que le chef allemand allait les faire remettre en liberté. Contrairement au droit, à la justice et à l'humanité, celui-ci les fit enfermer dans une hutte à porcs, où ils restèrent grelottant, sans secours et gardés à vue, pendant près de cinq heures. A 7 heures et demie du soir, pourtant, on les sortit de leur ignoble prison, et on les conduisit au domicile du maire, situé à une certaine distance du village, où l'ennemi les abandonna sans autre explication.

Ils restèrent là tout sanglants, mourant de faim, ne sachant s'ils étaient libres ou encore prisonniers, et n'osant sortir de peur d'être encore maltraités. A 9 heures et demie, ils formèrent le projet de rentrer à leur domicile en sortant de la maison du

maire par une porte qui avait accès dans la campagne. Mais, par
le plus grand des malheurs, à peine avaient-ils fait une centaine
de mètres, qu'ils tombaient au milieu de deux sentinelles ennemies qui les ramenèrent au village. Alors, sans leur avoir demandé aucune explication sur leur présence à cette heure au
milieu des champs, on les fit passer entre deux haies de soldats qui leur firent subir une *véritable flagellation à coups de
sabres, jusqu'à ce qu'ils tombassent meurtris, épuisés et à demi-
morts.* L'infortuné Simon, le crâne ouvert, fut emporté sur son
lit, où il mourut après sept jours d'horribles souffrances. Quant
à M. Mathey, plus jeune et plus vigoureux, il put, au travers de
mille dangers, en franchissant cours et jardins, murs et haies,
sortir du village et gagner Ruffey, distant de 4 kilomètres. Il y
arriva à minuit, épuisé, défaillant, ayant mis près de trois heures pour parcourir 4 kilomètres. Il s'est ressenti plus d'une
année des affreux traitements qu'il avait subis.

Le lendemain, quand la nouvelle de ce crime arriva à la connaissance du général commandant le corps d'armée, il feignit
la plus grande colère contre les coupables et promit que justice serait faite. Il fit un semblant d'enquête, envoya chercher
à Ruffey la seule des deux victimes qui pouvait encore parler.
le général allemand lui demanda de vouloir bien lui désigner
les coupables. M. Mathey n'en reconnut aucun, par une raison
bien simple, c'est que pendant la nuit, on avait pris la précau-
tion de faire partir le régiment coupable.

Et voilà comment les Badois rendaient justice à leurs ennemis.

Les réquisitions ont pesé lourdement sur ce pauvre village ;
elles se sont élevées à 170,000 francs ; une partie du mobilier de
l'église a été détruit ; à l'école, tout fut mis au pillage ; à la
mairie, les registres de l'état civil de 18 années ont été anéantis,
et ce qui est encore plus regrettable et sans remède, c'est la
disparition de pièces précieuses, de titres qui existaient seulement en minutes. Ce fut une ruine complète : plus d'habitants,
plus de bétail ni de volailles. « En parcourant ce joli village, si
gai et si riant deux mois auparavant, on ne voit plus que des
soldats prussiens fumant sur les portes, à travers lesquelles
s'aperçoivent les débris du pillage. Quel deuil et quelle mort !
Car au milieu de ce désert, de cette horreur, l'Allemand, noir
et sale, n'a pas l'air d'un vivant, mais d'un spectre de malheur.
Il n'y a même plus de chiens errants ; pas un bruit ; on n'entend
que la bise et les corbeaux. L'unique auberge, transformée en
corps de garde, n'offre comme refuge qu'un taudis avec un lit
brisé et un poêle sans feu. La maîtresse de la maison, une
grande femme maigre aux cheveux gris ébouriffés, murmure :
« Les brigands ! les brigands! » Et quand on lui demande à
boire, elle répond : « Je n'ai plus rien ; ils m'ont tout pris, tout
pillé, mon vin, mes liqueurs, mes enfants. » Et sa bouche vomit
un torrent d'injures et de malédictions folles et terribles contre
les envahisseurs. »

Puis, comme complément, comme dernière et suprême insulte à la douleur des habitants, les soldats ennemis organisent des promenades grotesques, espèces de mascarades qu'ils font souvent dans les rues du village, tantôt à pied, tantôt montés sur des ânes, vêtus d'habits de femmes qu'ils avaient volés; quelquefois même plusieurs étaient travestis en mariées avec couronnes d'oranger sur la tête.

A Varois, le 30 octobre, au matin, un engagement eut lieu entre une compagnie de Badois venant d'Arc-sur-Tille et des chasseurs à pied français. Nos soldats, après 20 minutes de combat, furent obligés de se replier sur Dijon. Les Allemands, pensant qu'ils s'étaient réfugiés dans les bâtiments communaux, se mirent à canonner ces édifices. Une soixantaine d'obus furent lancés dans cette direction ; 2 atteignirent l'église, toute neuve et blanche : elle porte la trace des coups de canon rapidement tirés contre elle ; 4, la maison d'école, où ils causèrent des dégâts.

L'instituteur, M. Hubert Praicheux, sa femme et quelques habitants s'étaient réfugiés dans la cave. L'ébranlement de la maison par les projectiles leur causa une vive inquiétude ; ils craignaient, avec raison, d'être ensevelis sous les ruines du bâtiment. Dans ce péril imminent, M. Praicheux, conservant tout son sang-froid, sortit de sa retraite, prit une serviette et l'arbora sur le seuil de la porte d'entrée, sans s'inquiéter de la canonnade et des obus qui pleuvaient et éclataient autour de lui. Un officier badois aperçut cette nouvelle espèce de drapeau parlementaire, fit cesser le feu et accourut. Sur la parole de l'instituteur qu'il n'y avait aucun soldat de caché dans l'église et dans l'école, l'officier visita ces édifices, et il se retira en disant à M. Praicheux que l'école et l'église devaient être démolies de fond en comble, parce qu'on les supposait remplies de troupes françaises. C'est donc au sang-froid et au courage de ce digne instituteur que la commune de Varois doit la conservation de ces édifices communaux. Elle lui en a d'ailleurs témoigné sa reconnaissance par son attachement profond, par la vénération dont le nom de M. Praicheux est l'objet.

Mentionnons encore le meurtre de Robillot (Didier), dans la cour de la maison d'école de Couternon, le 30 octobre. Les Badois ayant eu à subir le feu des francs-tireurs et de quelques habitants de Couternon, en avant de cette commune, arrivèrent exaspérés dans le village. Leurs premiers cris furent ceux-ci : « Maire fusillé, brûlé, habitants en blouse ont tiré sur nous. » L'instituteur, M. Pitolet, leur dit que le maire n'était pour rien dans ce qui s'était passé. A ce moment, le pauvre Robillot, âgé de 60 ans, entrait dans la cour, se dirigeant vers l'instituteur, lorsque le chef du groupe donna un ordre ; un soldat fit feu sur Robillot et lui plongea ensuite sa baïonnette dans le côté. Il était mort, sans motif, sans raison, sans qu'on lui ait demandé quoi que ce soit.

Le 24 janvier 1871, trois ouvriers de Saint-Julien, Garcenot, Goustard et Tortochot, apprenant que les Prussiens s'avançaient sur Dijon, quittent leur travail dans la forêt, et, à travers champs, se dirigent sur Norge. Aperçus par des uhlans, ils sont bientôt cernés et faits prisonniers comme francs-tireurs. Il fallait une forte dose de bonne volonté pour arrêter comme francs-tireurs ces bûcherons inoffensifs, ne portant aucune arme et chaussés d'énormes sabots. Protestations et supplications furent inutiles ; on colla sur les épaules un morceau d'étoffe rouge, et, nouveaux croisés, on les sacra francs-tireurs. Conduits à Savigny-le-Sec, ils furent enfermés dans une boutique de maréchal, maltraités, garrottés étroitement, jetés dans une charrette comme un vil bétail qu'on mène à l'abattoir, et en route pour la Prusse !

L'un d'eux, Goustard, parvient à se débarrasser de ses liens, d'un bond s'élance sur la route, franchit une haie et, prenant sa course à travers champs, il gagne la forêt voisine, pendant que les balles des uhlans sifflent autour de lui comme autant de messagers de la mort. Il erre toute la nuit, pieds nus, sur la neige durcie par le froid, parvient après mille périls à traverser les lignes ennemies et rentre à Saint-Julien le lendemain, les pieds gelés et ensanglantés. Ce ne fut que deux mois après qu'il put marcher librement.

Quant à ses deux compagnons d'infortune, ils furent dirigés sur la Silésie, où ils restèrent six mois prisonniers, et où ils eurent à endurer des souffrances de toute nature.

Dans les journées des 29, 30 et 31 janvier, le village est occupé par 500 Poméraniens qui font des réquisitions nombreuses et se livrent à des excès de toute nature. Plusieurs maisons sont mises à sac. Les archives de la mairie sont jetées à terre, pêle-mêle ; plusieurs sont mises en lambeaux ; les écharpes municipales sont détruites.

Dans la journée du 30, fouillant et furetant partout, les Poméraniens découvrent les fusils de la garde nationale cachés dans le grenier du magasin à pompes. Leur fureur alors ne connaît plus de bornes, et pour comble de malheur, ils trouvent chez le maire, M. Jacques Paillet, un vieux fusil de chasse, à peu près hors d'usage. Ce magistrat est aussitôt mis en état d'arrestation ; on le considère comme le chef des francs-tireurs ; une cour martiale est constituée, et il est condamné à la peine de mort. L'exécution est fixée au lendemain, à 8 heures du matin.

Ce fut une nuit horrible pour toute la commune, qui aimait et vénérait son maire. A 2 heures du matin, les notables font une démarche auprès de l'autorité prussienne ; peine perdue : la sentence sera exécutée.

Puis, c'est le tour de la femme et des enfants du condamné qui vinrent se jeter aux genoux du commandant et le supplie, de lui accorder sa grâce ; démarche inutile, Jacques Paillet sera passé par les armes à l'heure dite.

Par un hasard providentiel, la nouvelle de l'armistice parvient à Saint-Julien quelques minutes avant l'heure de l'exécution. Le commandant poméranien rend la liberté provisoire à l'infortuné Paillet, décide que la peine de mort prononcée contre lui sera commuée en celle de la déportation dans une enceinte fortifiée, et pour fêter dignement la bonne nouvelle, la victime devra fournir immédiatement vin, viande, pain, etc., tout ce qui est nécessaire pour faire « ripaille ». Trouvant que les ordres donnés ne s'exécutaient pas assez vite, un maréchal des logis chef lance à trois reprises différentes son cheval sur l'infortuné maire pour l'écraser, le frappe violemment à coups de cravache et l'accable d'injures grossières.

M. Paillet, ancien instituteur de Lux, est un de ces officiers municipaux qui, comme MM. Dubois, Enfert, Brûlet et Lévêque, à Dijon, ont eu une attitude aussi digne que ferme, en présence de l'ennemi. Ils ont bien mérité du pays. Les éminents services qu'ils ont rendus à leurs concitoyens dans ces jours de deuil et de malheur, doivent être inscrits au livre d'or de chacune de ces localités, afin d'en perpétuer le souvenir.

CHAPITRE VII

COMBATS DE BRAZEY ET DE GENLIS

(5 *novembre*).

Le samedi 5 novembre, à sept heures du matin, trois colonnes allemandes, avec chacune deux canons, sortent de Dijon.

L'une de ces colonnes arrive à Nuits à midi. Elle rentre à Dijon le soir, avec le butin réquisitionné dans tous les villages de la route.

« La seconde arrive à midi à Brazey-en-Plaine, qui est envahi par 500 hommes du 2e grenadiers, avec cavalerie et 2 canons de la batterie Porbeck. Toutes les issues sont gardées. Cependant, deux habitants parviennent à sortir, et préviennent les Garibaldiens cantonnés à Saint-Jean-de-Losne, au nombre de 280. Ils arrivent au pas de course, ayant à leur tête le commandant Lhoste, et s'établissent au pont de la Viranne, à 800 mètres des dernières maisons d'Ennevant.

« Il était une heure et demie. La colonne allemande veut continuer sa marche sur Saint-Jean-de-Losne. Les éclaireurs sont accueillis à coups de fusils par les tirailleurs embusqués derrière le pont, la maison éclusière et les peupliers. Le combat s'engage aussitôt. Le lieutenant Hochweber met ses deux pièces en batterie sans faire plier les francs-tireurs. Un lieutenant allemand, Quilling, tombe frappé à la tête ; plusieurs soldats sont tués ou blessés à ses côtés. L'artillerie s'avance à l'extrémité d'Ennevant ; mais les chevaux sont atteints par les balles, et elle reprend sa position première.

« Le major Saint-Ange se porte alors avec une partie de ses troupes entre Brazey et Montot, pour tourner les Garibaldiens. Aux premiers coups de feu, ses soldats hésitent. Il se met à leur tête, et à 150 mètres, une balle le tue. L'ennemi bat en retraite sur Dijon. » (CLÉMENT-JANIN.)

Le 3 novembre, une compagnie de francs-tireurs de l'*Egalité*, de Marseille, forte d'environ 70 hommes, se cantonna dans les villages voisins de Genlis. Dans la matinée du 5 novembre, ces francs-tireurs arrivent à Genlis ; ils s'échelonnèrent en tirailleurs derrière les berges des rivières de la Norge et de la Tille, à environ 550 mètres de la route nationale parcourue chaque jour par les éclaireurs ennemis. De là, ils envoyèrent quelques coups de feu à une patrouille qui se rendait de Genlis à Longeault. Celle-ci tourna bride et reprit au galop la route de Dijon. Les francs-tireurs traversèrent ensuite le village pour se rendre à Labergement-Foigney, ne doutant pas que le soir même Genlis ne fût occupé par un détachement prussien.

En effet, à 6 heures du soir, la 3ᵉ colonne allemande, composée d'environ 800 hommes et commandée par le capitaine Schmid et le lieutenant de Lorme, débouchait par la rue de Dijon, la rue des Creux-Jacques et la rue d'Izier. Ils marchaient un à un, sans bruit, évitant les endroits éclairés par la lune et se cachant dans les embrasures des portes. Puis ils installèrent un poste de cent hommes dans la salle du café Vaudrey, un 2ᵉ poste de 25. hommes dans la maison du garde-barrière du chemin de fer, et enfin un 3ᵉ poste de 5 hommes dans la petite maison Maltet, en contre-bas de la route de Labergement. Ils n'attendirent pas longtemps. Les francs-tireurs, prévenus, arrivèrent aussitôt. L'un d'eux, connaissant l'allemand, put s'approcher de la sentinelle du poste Maltet, et ce fut la première victime. Les autres soldats du poste se replièrent sur celui de la maison du garde et l'entraînèrent dans la direction du village. Une fusillade, rendue facile par un superbe clair de lune, fit éprouver des pertes cruelles aux Prussiens, massés dans l'avenue assez étroite qui va de la gare au village, et dont les arbres portaient de nombreuses traces de balles.

Les francs-tireurs traversèrent la voie ferrée et poursuivirent l'ennemi jusqu'à la maison de Mᵐᵉ Nicolin. On entendait alors distinctement leur capitaine (un tout jeune homme) crier à ses compagnons : « Ne tirez plus, mes amis ! En avant, en avant ! A la baïonnette ! » Les cris déchirants qui suivirent cet ordre prouvèrent à tous que l'arme terrible accomplissait son œuvre.

Presque au même instant une forte colonne ennemie déboucha du pont, en poussant des hourras sinistres. Cette colonne, arrivant au pas de course et en masse compacte, dut faire des pertes sérieuses, car chaque balle des francs-tireurs touchait son homme.

MONUMENT DE SENLIS.

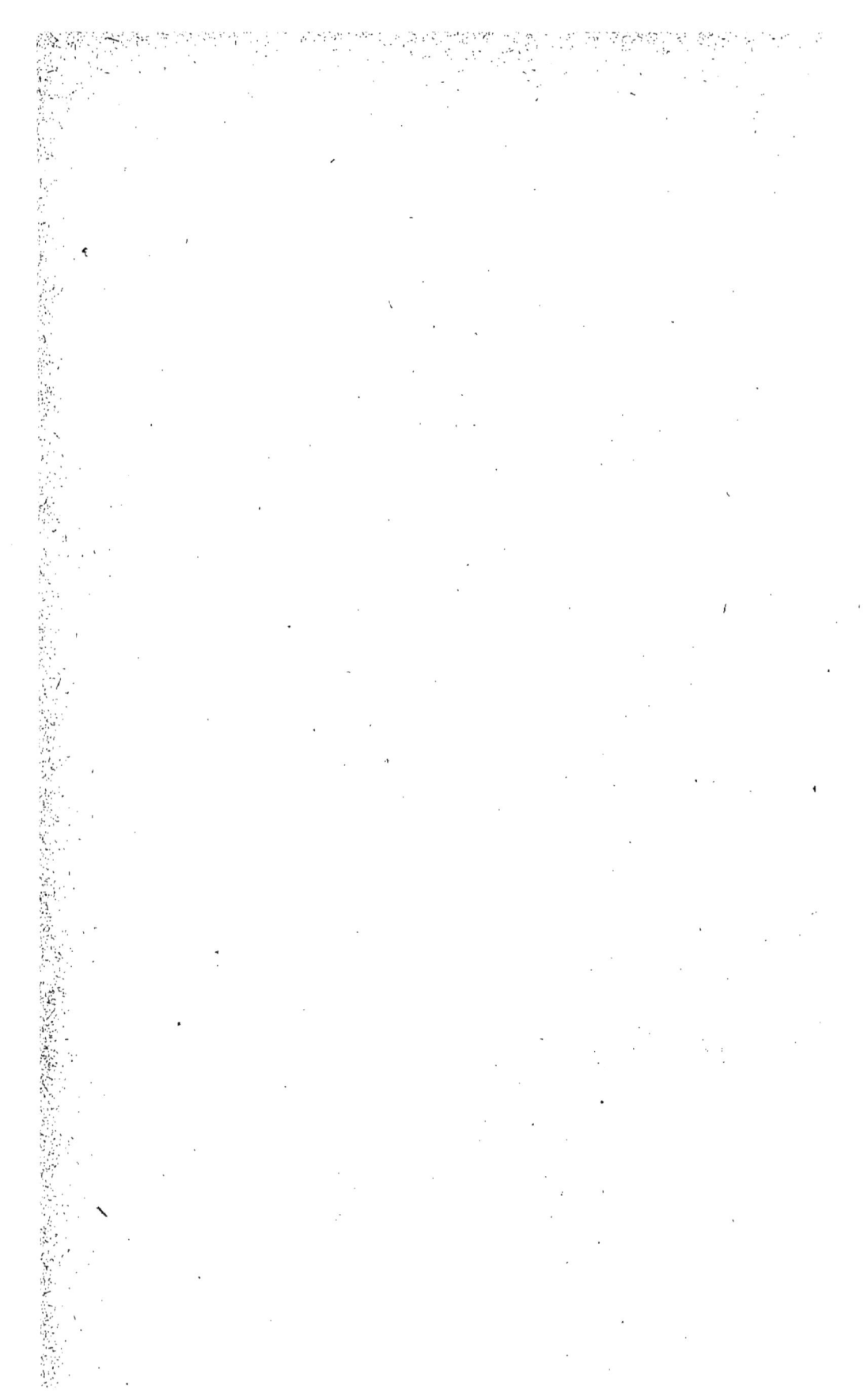

Bientôt le combat changea de caractère. Les francs-tireurs, forcés de se retirer devant le nombre, s'établirent en tirailleurs dans les fossés et dans les champs, à droite et à gauche de la route. De leur côté, les Prussiens, s'établissant dans les jardins et à l'abri des murs, continuèrent à tirailler.

Peu à peu le feu se ralentit, puis enfin cessa complètement.

Les francs-tireurs, trop peu nombreux, reprirent la route de Labergement, sans être inquiétés, et de là gagnèrent Collonges et Auxonne.

Deux heures après le combat, on vit passer trois chariots chargés de morts et de blessés, se dirigeant vers Dijon. En montant le pont, un cadavre tomba de la dernière voiture. Découvert plus tard, il fut transporté dans la salle d'audience de la justice de prix et ne fut emmené à Dijon que le lendemain, à midi, avec six autres blessés.

Les officiers voulurent profiter de cette circonstance pour faire croire qu'ils n'avaient perdu que cet homme; mais les habitants savaient à quoi s'en tenir à ce sujet, car beaucoup de soldats et officiers prussiens ne reparurent plus dans leur logement.

A 11 heures du soir, M. le curé Dédiot vint demander au commandant du poste l'autorisation de parcourir le lieu du combat, de recueillir les blessés et de leur donner des secours. Bien que parlant le français, cet officier ne voulut pas répondre. Passant outre, l'abbé Dédiot accomplit courageusement sa mission. Aux dernières maisons, il trouva les Prussiens occupés à élever une barricade au milieu de la route. Il continua d'avancer, et dans le fossé de l'avenue de la gare, il trouva deux francs-tireurs blessés qu'il fit transporter au presbytère et qui, malgré les soins qu'on leur prodigua, moururent dans la nuit. Le lendemain matin, on trouva encore dans le fossé un troisième franc-tireur, mais il était mort et gelé.

Le commandant prussien donna l'ordre d'enterrer immédiatement ces malheureux. Tous trois avaient été frappés en pleine poitrine. Ils reposent dans le même tombeau, à l'extrémité sud du cimetière de Genlis, et un petit monument consacre le souvenir de ces trois braves qui s'appelaient : Caire François, sergent ; Gibelin Théophile et Terron Marius, du bataillon des francs-tireurs de l'*Egalité*, de Marseille.

Pendant le combat, le garde-barrière Moreau avait recueilli chez lui deux francs-tireurs blessés, qu'il n'eut que le temps de faire monter dans son grenier, les Prussiens ayant converti de nouveau sa maison en un poste avancé. Les malheureux blessés restèrent là cachés, sans secours, sans soins, sans nourriture, toute la nuit jusqu'au lendemain, à trois heures du soir, heure du départ de la colonne prussienne.

C'est alors qu'on put réconforter les malheureux blessés et les diriger sur l'hôpital d'Auxonne.

Le 6 au matin, le commandant prussien mit le maire, M. Guillemin, en état d'arrestation, et lui déclara qu'il exigeait de la

commune une contribution de guerre de 6,000 fr., en ajoutant que
si cette somme n'était pas versée à deux heures, il mettrait le
feu au village.

Après de longs et pénibles pourparlers, cette contribution fut
réduite à 3,000 fr. Aussitôt que cette somme fut entre leurs
mains, les officiers prussiens firent bombance et se gorgèrent
de champagne.

Un monument a été élevé près de la gare pour rappeler le
souvenir du combat du 4 novembre 1870, à Genlis. On y lit cette
inscription : « *A la mémoire des volontaires de l'Egalité, de Marseille, victimes du combat de Genlis, le 5 novembre 1870, et des
citoyens du canton, morts pour la défense de la Patrie.* »

CHAPITRE VIII

L'ARMÉE DES VOSGES — GARIBALDI. — PASQUES-MALAIN (24 *novembre*). — CHATEAUNEUF (3 *décembre*).

Pendant la première occupation de Dijon, l'armée des Vosges, sous le commandement de Garibaldi, était restée à Dôle.

Le 7 novembre, il fut décidé à Tours que cette armée quitterait
Dôle, se porterait à Autun, pour défendre les défilés du Morvan
et empêcher un mouvement de l'ennemi sur Nevers. Les petits
corps échelonnés le long de la Saône, jusqu'à Seurre se replièrent dans la direction de l'ouest, par Beaune, Bligny-sur-Ouche,
Epinac-sur-Autun. Le mouvement était terminé le 11, dans la
soirée.

Restaient à Dôle trois corps de troupe. Garibaldi désigna le
capitaine Ricciotti pour en prendre le commandement, avec faculté de décider le moment du départ.

Le 21 novembre, trois mille hommes, environ, étaient partis
d'Autun, avaient rallié d'autres forces en chemin, et, le 24, ils
trouvaient à Pont-de-Pany la plus grande partie de l'armée des
Vosges.

Ces troupes formaient 3 brigades commandées, la première par
le général Bossack-Hauké, d'origine polonaise, qui joignait un
caractère honorable à une grande bravoure ; les deux autres,
par Menotti Garibaldi et Delpech, ancien préfet des Bouches-du-
Rhône.

On forma le projet de surprendre le quartier général du 14e
corps d'armée ennemi, et pour cela il fallait s'emparer de Dijon,
qu'on devait attaquer de nuit, par le faubourg d'Ouche et la
gare du chemin de fer.

Malheureusement, la brigade de Bossack, aperçue par les Allemands à Velars, ne put continuer sa marche en avant, ni exé-

cuter les dispositions arrêtées. Le coup de main sur Dijon dut être forcément différé ; l'armée des Vosges se dirigea sur Lantenay, où Garibaldi établit son quartier général.

Le lendemain eut lieu un nouvel engagement entre la 1re brigade et des Allemands du 4e d'infanterie, près de Neuvon, sur le territoire de Velars. Les *Eclaireurs de Gray*, pris entre deux feux, eurent trois hommes grièvement blessés. La *Légion espagnole* souffrit beaucoup. Au plus fort de l'affaire, le général Bossack, poussant son cheval en avant sur le viaduc de Neuvon, s'approche du commandant allemand Wagemann et lui brûle la cervelle.

Les autres brigades, renforcées par des détachements envoyés d'Autun, se portèrent sur le plateau de Lantenay et se dirigèrent le 26 vers Prenois.

« Une forte reconnaissance allemande, composée de deux bataillons du 3e régiment d'infanterie, d'un bataillon du 4e, de deux escadrons du 1er dragons et de deux batteries, sous les ordres du comte Degenfeld, est attaquée, à midi, par Garibaldi, près de Pasques.

« Notre artillerie ouvre le feu, et quelques compagnies de la brigade Menotti sont lancées en avant. Sans attendre le choc, les Allemands se replient sur Prenois.

« Ricciotti à droite, Menotti formant le centre et la gauche, font converger sur le village leurs troupes déployées en trois lignes de tirailleurs, distancées de 150 mètres. Garibaldi est avec la première ligne ; un trompette de la légion Tanara tient la bride de son cheval.

« L'artillerie allemande tonne contre nos tirailleurs sans ralentir leur mouvement. Elle fait d'ailleurs peu de mal. Aussitôt que la distance le permet, nos pièces de quatre lui répondent. La fusillade éclate à son tour, et l'ennemi, retranché dans les jardins, dans les maisons de Prenois, fait un feu meurtrier.

« C'est alors que 35 chasseurs du 7e régiment commandés par le capitaine Bondet, sont lancés sur les batteries allemandes. Le colonel Canzio les rejoint et galope à leur tête, à côté du capitaine. Bientôt il roule à terre, sous son cheval tué par un obus. Huit autres cavaliers sont aussi démontés : rien n'arrête nos chasseurs ! Cet exemple électrise. Le petit trompette qui tient le cheval de Garibaldi sonne la charge ; les troupes prennent le pas de course, se précipitent sur le village, la baïonnette en avant, et en un instant Prenois est enlevé.

« Les Allemands essaient de se reformer au bas de Darois : Ricciotti appuie à droite pour leur couper la retraite; ils voient le mouvement et se replient vivement sur Dijon.

« Nos pertes sont de 20 tués et 70 blessés.

« La nuit tombait; Garibaldi, éloigné de son quartier général, se décide à marcher sur Dijon. Il pleut, les troupes sont fatiguées, néanmoins le mouvement commence.

« La 4e brigade ouvre la marche ; les plus solides troupes de Menotti suivent ; pour arrière-garde les bataillons de mobiles des Basses-Alpes et des Basses-Pyrénées. En tout 1,500 hommes.

« Garibaldi était monté à cheval le matin pour la première fois depuis sa venue en France; le cheval s'était couché, il avait failli écraser le cavalier, mais il fut relevé à temps. Au moment de marcher sur Dijon, il descend de cheval et monte dans une petite voiture rencontrée sur la route.

« Le major général de Degenfeld, avec sa brigade. occupe Talant, Fontaine et Daix; les avant-postes sont à Changey. A quatre heures, le 1er bataillon du 3e régiment d'infanterie était parti de Dijon pour renforcer les grand'gardes. Les Allemands obligent les habitants de Talant à mettre des lumières à toutes les fenêtres de leurs maisons.

« Cependant, les Garibaldiens approchent de Changey. Au *Werda* de la sentinelle, le capitaine Michard répond : « *France !* *A moi la Savoie !* » quelques coups de feu sont tirés par les Allemands, et le poste est enlevé à la baïonnette par la compagnie Michard, lequel est blessé.

« Mais l'alarme est donnée. Le vent d'ouest, qui souffle doucement, apporte le bruit de la lutte jusqu'à Talant, et toute la garnison prend les armes. La 9e compagnie du bataillon Unger (3e badois) sort de Changey et veut s'opposer au passage; elle est culbutée. Le major Widmann, le lieutenant Hofmeister sont blessés. Une panique s'empare des Allemands ; ils lâchent pied, malgré les secours qui leur arrivent, et c'est alors que les Garibaldiens, la baïonnette en avant, prennent le pas de course et les poursuivent, au bruit éclatant d'un clairon que l'on entend jusqu'à Dijon.

« Le désordre est à son comble chez les Allemands. Des fuyards en grand nombre arrivent affolés à la barrière du cimetière; le poste de l'octroi la ferme et les empêche d'entrer en ville.

« Mais déjà des mesures sont prises par l'ennemi pour arrêter les Garibaldiens. Toutes les vieilles murailles de Talant sont garnies de tirailleurs ; quatre hommes s'emparent de M. Saverot, et après quelques coups de sabres, ils l'obligent à guider une colonne de renfort sur Daix ; Fontaine aussi est plus fortement occupé. Enfin, le gros des troupes, refoulant les fuyards du bataillon Unger, s'avance au-devant de Garibaldi.

« Celui-ci était arrivé au chemin croisé de Talant à Baix. Soudain un feu de peloton éclate, un de ces feux de peloton qui ont longtemps fait croire à la présence de mitrailleuses. Le clairon se tait. Une balle l'avait étendu mort, en face de la croix de la Maladière. Les *Chasseurs des Alpes* et du *Mont-Blanc*, les *Francs-Tireurs du Rhône*, les *Carabiniers génois*, la *Légion espagnole* se précipitent à la baïonnette sur les Allemands ; les feux de peloton se succèdent et couchent par terre un certain nombre de soldats, entre autres le lieutenant Lanzilotti. C'est un instant décisif, on entend le cri : En avant ! lorsque, malgré les ordres formels, les mobiles de l'arrière-garde répondent à la fusillade des Allemands et peu après se débandent.

« Il faut songer à la retraite ; elle est ordonnée. Les Garibaldiens regagnent, dans la nuit, sous la pluie, le plateau de Darois.

« Au bruit des feux de peloton, le rappel est battu dans les rues de Dijon. Il est huit heures. Un effarement indescriptible s'empare des officiers et des soldats allemands. Tandis que les soldats de la 2ᵉ brigade (Degenfeld) se rendent mollement sur la place Darcy, leur quartier d'alarme, tous les postes sont abandonnés. Une colonne effarée, sans ordre, descendant rue Saint-Pierre, fuit par le boulevard Carnot et le chemin de Mirande ; une autre encombre la rue Saint-Nicolas et la route de Saint-Apollinaire. La voiture de Werder a peine à se frayer un passage. Elle ne s'arrête qu'à Varois, où le quartier général est transporté.

« Des dragons parcourent les rues à toute bride, portant des ordres ; les passants, les curieux sont sabrés, assommés à coups de crosse de fusil ; des coups de feu partent sur quelques groupes. Caporaux et sergents heurtent aux portes à les briser, pour réveiller leurs hommes qui refusent de se lever ; les fourgons roulent lourdement aux domiciles des officiers supérieurs et on y jette leurs malles depuis les appartements. Pendant ce temps, voitures, fourgons, bœufs, moutons, sont chassés sur Gray. Beaucoup de soldats fuient épouvantés. Un officier décharge son revolver sur un d'eux, près de la rue Dauphine. Le malheureux se traîne jusqu'à la rue Porte-aux-Lions et meurt

« Le maire, M. Dubois, qui eut tant à souffrir pendant les jours de l'invasion, est gardé à vue à l'Hôtel-de-Ville.

« Des estafettes envoyées dans tous les villages occupés de la banlieue, en rappellent les troupes qui les abandonnent en désordre.

« Cette retraite, ou plutôt cette déroute, dure jusqu'à deux heures du matin. » (CLÉMENT-JANIN.)

Le dimanche 27, les Allemands poursuivent, par sa ligne de retraite, le corps qui avait tenté d'occuper Dijon, pour chercher à l'envelopper au moyen d'une manœuvre rapide dans la vallée de l'Ouche ; ils trouvèrent à Pasques une résistance vigoureuse, énergique.

Le commandant Delpech, de la 3ᵉ brigade de l'armée des Vosges, avait reçu l'ordre de tenir le plus longtemps possible dans le village de Pasques, afin de couvrir le mouvement rétrograde des troupes venant de Dijon. Il exécute admirablement cet ordre et ne se replie sur Ancey qu'après 4 heures de combat acharné. Il résiste encore dans cette position et n'abandonne le village qu'après l'évacuation complète du terrain en arrière. Il permettait ainsi à l'armée des Vosges d'opérer sa retraite sur Mâlain et Sombernon.

Garibaldi établit alors son quartier général à Bligny-sur-Ouche, puis à Autun. Toutes les troupes de l'armée des Vosges sont ralliées à Arnay-le-Duc, puis dirigées sur Autun. Ricciotti reste dans Arnay avec 350 hommes de sa brigade.

Le 30 novembre, l'ennemi s'avance sur trois colonnes fortes
de 4,500 hommes avec artillerie et cavalerie. A une heure, le
combat s'engage. Les Garibaldiens, retranchés derrière les murs,
font un feu très vif. Cependant, la position n'était plus tenable,
Ricciotti se replie sur Cordesse, où il se barricade. Les Allemands s'arrêtent à Voudenay.

Le 1er décembre, la 3e brigade badoise se présente devant Autun sans avoir été signalée, quelques hommes pénètrent dans la
ville, mais l'ensemble de l'agression est repoussé, sans toutefois
pouvoir poursuivre l'ennemi, faute de troupes à cheval et de
troupes fraîches.

COMBAT DE CHATEAUNEUF.

Deux jours après, le 3 décembre, les Allemands en retraite furent attaqués à Châteauneuf, au point où la route d'Arnay-le-
Duc à Sombernon entre dans la vallée profonde de Commarin,
par cinq bataillons sous les ordres du général Cremer et par un
bataillon des mobiles de la Gironde, commandé par M. de Carayon-Latour.

Cremer, de Bligny-sur-Ouche, où il avait passé la nuit, divise
ses troupes dès le matin du 3 décembre; la moitié doit surprendre les Prussiens à Sainte-Sabine; l'autre moitié se dirige sur
Châteauneuf, point très important par sa position élevée sur un
angle avancé d'un plateau dominant les routes d'Arnay à Sombernon, de Pouilly à Nuits et à Beaune.

« Le retard de la 2e légion du Rhône fait manquer, en partie,
la surprise de Châteauneuf. Au début de l'action, à 7 heures 1|2,
les Allemands occupent Vandenesse; ils sont à cheval sur la
route de Sombernon. Il n'est plus possible de leur couper la
retraite.

« L'attaque a donc lieu seulement à Châteauneuf, où Cremer
s'était établi. Les attelages de son artillerie étaient impuissants
à gravir les hauteurs ; les soldats, avec un élan admirable, montent leurs pièces à bras dans deux pieds de neige, et, au signal
de leur chef, ils ouvrent le feu qui atteint les têtes des colonnes
ennemies, et arrête leur marche; l'artillerie allemande répond
du pied de la montagne, et fait peu de mal. De notre côté, le
maréchal des logis Brosse se fait remarquer par son habileté à
pointer deux pièces Armstrong.

« Cependant, comme nos pièces font grand ravage dans ses
colonnes, le général Keller ordonne de s'emparer du plateau de
Châteauneuf. Il y envoie d'abord le 1er bataillon du 5e régiment,
puis le 2e bataillon, et enfin le 1er bataillon du 6e. Ces troupes
essaient de tourner le plateau par la droite et par la gauche ;
mais elles sont vigoureusement reçues par le commandant Clot,
du 2e bataillon de la 1re légion du Rhône. Il est bientôt appuyé
par le 1er bataillon, commandant Valentin, et les assaillants sont
rejetés sur Vandenesse.

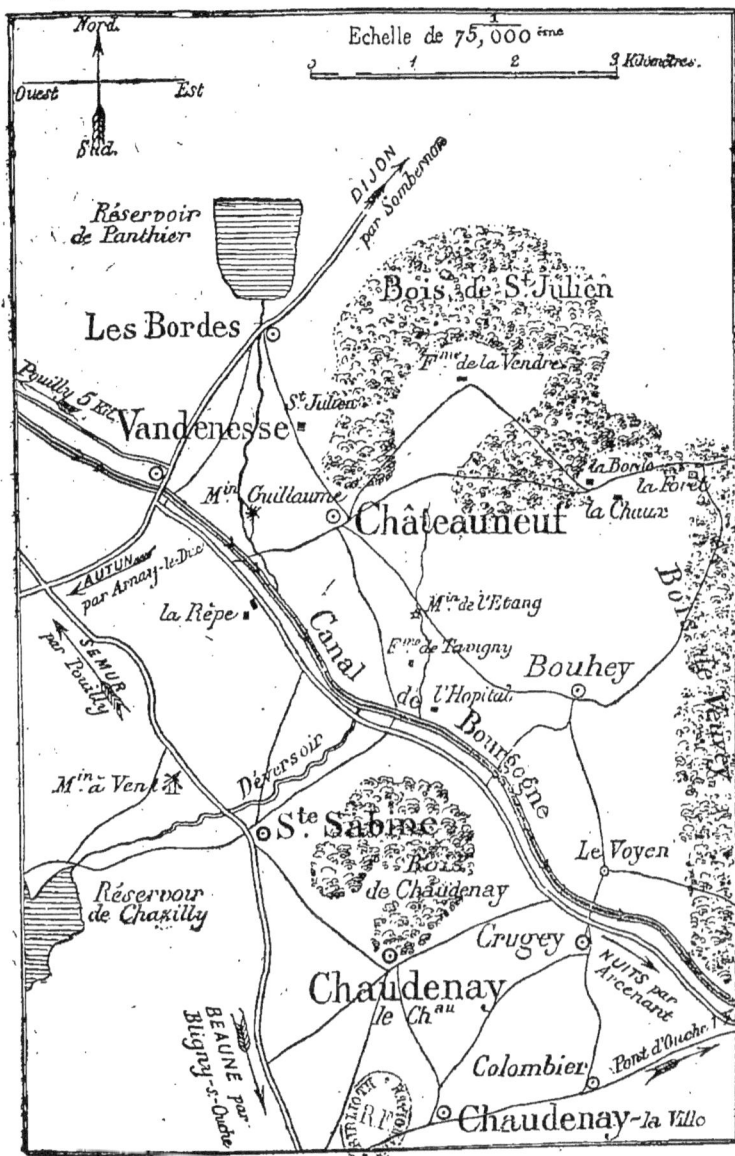

Carte du combat de Châteauneuf.

(Extrait des *Batailles de Nuits*, par CH. RÉMOND.)

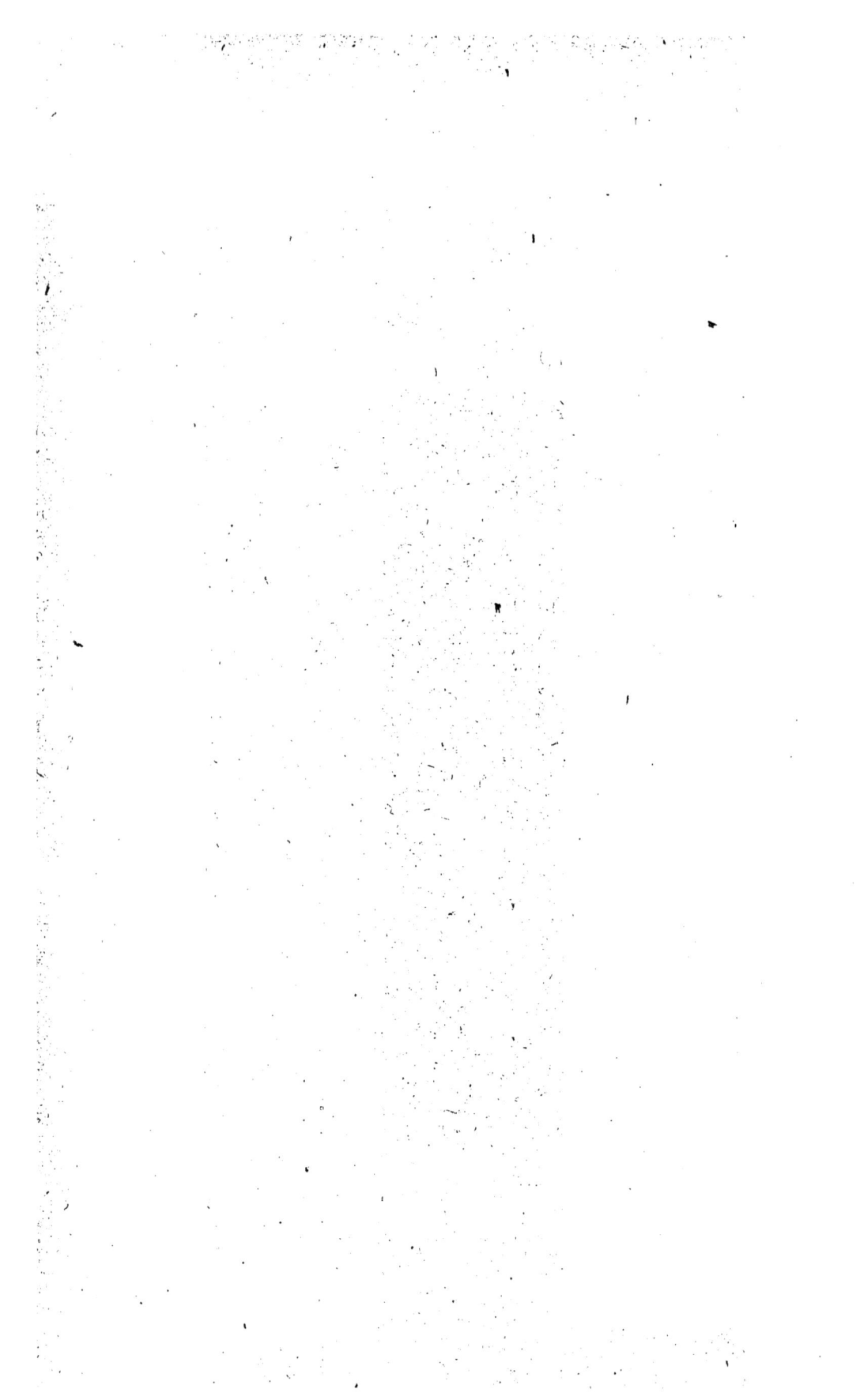

« Le colonel Poullet, qui n'avait plus trouvé l'ennemi à Sainte-Sabine, marche au canon, à la tête de la 2e légion du Rhône. Il manœuvrait pour tourner l'aile droite des Allemands, quand le général Keller vit le danger et ordonna la retraite. » (CLÉMENT-JANIN.)

Malheureusement, Cremer négligea de faire occuper la montagne de Solle, près de Commarin. De ce point culminant, à la sortie du bois de Châteauneuf, 1,000 hommes auraient barré facilement la route qu'ils auraient prise en enfilade, et là, on pouvait faire essuyer à l'ennemi une déroute complète. Il y eut bien quelques tirailleurs qui firent beaucoup de mal à l'ennemi, ce qui ne l'empêcha pas d'organiser sa retraite et de la protéger par 3 colonnes qui firent l'ascension de la montagne par trois points différents. L'artillerie française arriva cependant au point désigné plus haut, mais il était trop tard.

Toutefois cette attaque réussit et hâta la retraite de l'ennemi.

Cette journée coûta aux Allemands 200 hommes tués, 600 blessés et 120 prisonniers.

De notre côté, nous avons eu 40 tués et 200 blessés.

CHAPITRE IX

CHATILLON-SUR-SEINE (19 novembre). — LOUIS VIGNERON (19 décembre).

Le 11 novembre 1870, entrait à Châtillon-sur-Seine un régiment de dragons bavarois envoyé en reconnaissance par le général von Werder, occupant alors la ville de Dijon. Ce régiment avait été précédé le matin même par deux éclaireurs accompagnés eux-mêmes d'espions prussiens ; l'un de ces derniers portait l'uniforme de cavalerie française.

Quelques jours après, arrivait à Châtillon une garnison composée du 16e régiment de la landwehr, 3e Wesphalie, bataillon Unna, et 2 escadrons du 5e régiment de réserve des hussards.

Cette garnison était destinée à entretenir un poste d'étapes à Châtillon. Elle fut successivement commandée par les généraux Voigt-Retz et Alwensleben. Les habitants supportèrent avec assez de résignation cette garnison composée d'hommes pour la plupart pères de famille et qui auraient mieux aimé se trouver avec les leurs.

Tout se passa sans faits remarquables jusqu'au jour du grand coup de main des francs-tireurs.

Le 19 novembre, Ricciotti, appuyé par le colonel Riu, alors échappé de Metz avec sa brigade, arrivait sous les murs de

Châtillon, à 5 heures du matin. Il la partage en deux colonnes ; les *Chasseurs des Alpes*, capitaine Michard, doivent marcher sur l'hôtel de la Côte-d'Or, où loge le corps d'officiers ; le reste de la brigade a pour objectif l'Hôtel-de-Ville et la Sous-Préfecture.

Les francs-tireurs de Grenoble, des Vosges, les *Chasseurs du Havre*, le bataillon Nicolaï, tournant le Parc, s'engagent sur la route de Tonnerre et entrent en ville par la grande rue de Chaumont qui est déserte.

L'attaque commence par un coup de main sur les avant-postes et les grand'gardes, et un peu avant 6 heures, Ricciotti pénétrait dans la ville à la tête de sa troupe. Le combat s'engage immédiatement, au cri de ralliement : Garibaldi ! Garibaldi ! La plupart des soldats allemands sont au lit ; on enfonce les portes des maisons où ils sont logés, et ils sont faits prisonniers en grand nombre. Ceux qui, à moitié habillés, veulent courir dans la rue, sont fusillés dès qu'ils sortent des maisons. On fait le siège de chaque maison ; les portes et les fenêtres sont brisées ; on se bat dans les corridors, dans les escaliers, dans les chambres.

Pendant ce temps, les *Chasseurs des Alpes* accomplissent heureusement leur mission. Le capitaine Michard se jette à l'eau, traverse un des bras de la Seine, s'élance sur une sentinelle et l'égorge. Le poste qui gardait l'entrée du pont est surpris, et les 15 hommes sont tués ; on se précipite vers l'*Hôtel de la Côte-d'Or* ; on l'enveloppe et on en fait le siège. Les officiers allemands se barricadent avec les lits et les commodes. On enfonce les portes. Pagès, d'Aix-les-Bains, saute le premier dans une chambre ; des coups de revolver sont échangés. Le plus grand nombre des officiers est capturé ; mais plusieurs d'entre eux succombent en se défendant comme des désespérés. On s'empare de la caisse contenant les fonds destinés à l'entretien des troupes. Le général Alwensleben, coupable de n'avoir pas su mettre la ville à l'abri d'un coup de main, fuyait à cheval, quand il tombe frappé d'une balle au front. Le capitaine Bardeleben, l'adjudant de Salengre-Brabbe sont blessés. Les Allemands faiblissent. Ricciotti les fait tourner ; alors l'ennemi sort en grande partie de la ville. Le reste, remis de sa surprise, se concentre à l'Hôtel-de-Ville ; Ricciotti ne l'y attaque pas, parce que l'ennemi occupe là une forte position et qu'il apprend la nouvelle du retour des Prussiens.

Cet audacieux coup de main coûta aux Allemands 120 hommes tués ou blessés, 176 prisonniers, dont 14 officiers, 82 chevaux, 4 voitures d'armes et de munitions, un chariot de poste avec la correspondance.

Le général Alwensleben portait au doigt, lorsqu'il tomba mortellement frappé, une bague d'une très grande valeur ; Ricciotti la fit parvenir à la famille du défunt. Moins généreux, le roi Guillaume s'opposa à ce que le corps du général fût ramené en Allemagne ; il voulait ainsi punir ses restes d'un exil perpétuel. Il repose encore dans le cimetière Saint-Jean, à Châtillon, avec les soldats prussiens tombés dans cette journée et qui moururent dans les ambulances.

Les francs-tireurs n'étaient pas assez nombreux pour occuper la ville ; aussi ils l'évacuèrent le soir, en prévision d'un retour offensif des Prussiens. Ricciotti gagna Montbard par Coulmier-le-Sec et y passa la nuit.

Le 22 novembre, Châtillon fut de nouveau envahi par un régiment de soudards de Brunswick qui pillèrent la ville pendant plusieurs heures, forçant les habitants à illuminer leurs maisons, s'emparant, à titre d'otages, des principaux citoyens pour répondre de la vie de leurs officiers faits prisonniers, enfin menaçant la ville d'un bombardement, si une somme considérable ne leur était pas versée et si leurs officiers ne leur étaient pas rendus.

Le maire, M. Achille Maître, fut durement maltraité, puis emmené sous escorte dans la direction de Chaumon, enfin ramené à Châtillon, non sans avoir reçu force coups de plat de sabre et de crosse de fusil ; son château, construit par le maréchal Marmont, fut en partie incendié ; ses troupeaux devinrent la proie du vainqueur qui, néanmoins, se décida à les lui payer ultérieurement, quand il eut été établi que ce magistrat n'avait point préparé l'attaque des francs-tireurs.

Mais les menaces de bombardement subsistaient toujours. Deux courageux citoyens, M. des Etants, président du tribunal civil, et M. Boulanger, juge de paix, entreprirent de sauver la ville. Ils se rendirent le 24 novembre, munis de sauf-conduits, d'abord à Dijon, où se trouvait l'état-major de Garibaldi.

Le sous-préfet se joignit à eux ; mais il leur fut répondu qu'on ignorait où les prisonniers du combat de Châtillon avaient été internés. Sans être découragés de ce premier échec, les délégués se rendirent à Tours, qui était alors le siège du gouvernement de la défense nationale ; ils ne furent pas plus heureux qu'à Dijon et revinrent à Châtillon sans avoir obtenu de résultats.

On s'attendait de jour en jour à voir les menaces prussiennes recevoir leur exécution ; mais, en gens pratiques, les Allemands, considérant que la ville de Châtillon était un excellent point stratégique, puisque, par ses chemins de fer, elle réunit la Bourgogne à la Champagne et à nos provinces de l'Est, se contentèrent d'une rançon de 80,000 fr. et continuèrent à occuper militairement la cité.

Cette seconde occupation fut marquée par un terrible événement, par un crime qui violait les droits les plus sacrés de la guerre.

Le jeudi 11 décembre 1870, des troupes de la garnison de Langres étaient sorties pour essayer de surprendre un fort détachement de Prussiens qui se trouvait à Châteauvillain, mais l'ennemi ayant été averti, la tentative échoua, et les troupes rentraient deux jours après à Langres, laissant deux compagnies à Marac et deux autres compagnies dans un village voisin. Le dimanche

14, on signala les Prussiens, au nombre de 3 à 4,000, à peu de distance du village. Aussitôt les deux compagnies, auxquelles s'étaient joints quelques gardes nationaux de la localité, se déploient en tirailleurs dans les jardins, font une vigoureuse résistance ; mais, n'étant pas en nombre, ils durent se replier sur Langres.

Louis Vigneron ne se trouvait pas en ce moment au village ; il était dans un moulin situé à un kilomètre de là, où il s'occupait tranquillement des soins du moulin où il était simple domestique. Il apprend tout à coup que l'ennemi est à Marac, qu'on lui oppose de la résistance ; alors, n'écoutant que son ardent patriotisme, faisant taire ses sentiments de père et d'époux, il n'hésite pas un instant ; il prend un fusil de chasse chez son maître, court à Marac, se met en embuscade derrière un mur de jardin, et, sans s'occuper de ce qui peut advenir, décharge ses deux coups de fusil sur des Prussiens qui passaient à distance. Aussitôt il est poursuivi par les uhlans qui, après quelques minutes, s'en emparent. Dans sa fureur, l'ennemi pille les premières maisons du village et s'empare des notables qui sont emmenés à Arc-en-Barrois.

Quant à Louis Vigneron, il fut emmené à Châtillon avec d'autres prisonniers. Accusé d'avoir protégé les francs-tireurs et d'avoir agi de complot avec eux, quoique cela n'ait pas été prouvé, il fut condamné sommairement à être fusillé. Le 19 décembre, à 6 heures du matin, on lui signifia qu'il avait cinq minutes pour faire ses dernières dispositions et cinq minutes pour écouter un prêtre. Il demanda qu'on lui laissât le temps d'écrire au moins à sa femme, ce qui lui fut accordé avec beaucoup de difficulté. Il écrivit avec fermeté, mais avec une lenteur qui se comprend ; alors, un officier s'avança et lui dit brusquement : *Un mot, rien qu'un mot, vous m'entendez bien, et dépêchons-nous ; nous avons autre chose à faire qu'à vous expédier.* Puis il écouta les exhortations de l'abbé Lecœur, aumônier de l'hospice, fut aussitôt amené contre le mur du cimetière, et fusillé. Il se trouva dans le peloton d'exécution des soldats qui ne voulurent pas prêter les mains à cet acte odieux : leurs balles furent ramassées le lendemain au pied du mur, contre lequel elles s'étaient aplaties, dans un rayon assez éloigné. Ce mur est celui du cimetière de l'église Saint-Vorles, côté extérieur.

Le corps de Vigneron fut ensuite littéralement traîné dans la neige jusqu'à l'entrée du cimetière. Comme aucune fosse n'avait été préparée, on le recouvrit seulement de quelques pelletées de terre, avec défense expresse de toucher au corps. Quelques jours après, en raison de la mauvaise odeur répandue par le cadavre, la municipalité obtint l'autorisation de le faire disparaître sous un monticule de terre.

A l'endroit même où le courageux citoyen est tombé, s'élève une modeste tombe avec cette inscription : « *A la mémoire de Louis Vigneron, garde national de Marac, fusillé par les Prussiens. — Que Dieu préserve à jamais la France de châtier l'ennemi*

Dessiné par L. BREUIL, d'après DIDIER.
EXÉCUTION DE LOUIS VIGNERON, A CHATILLON-SUR-SEINE.

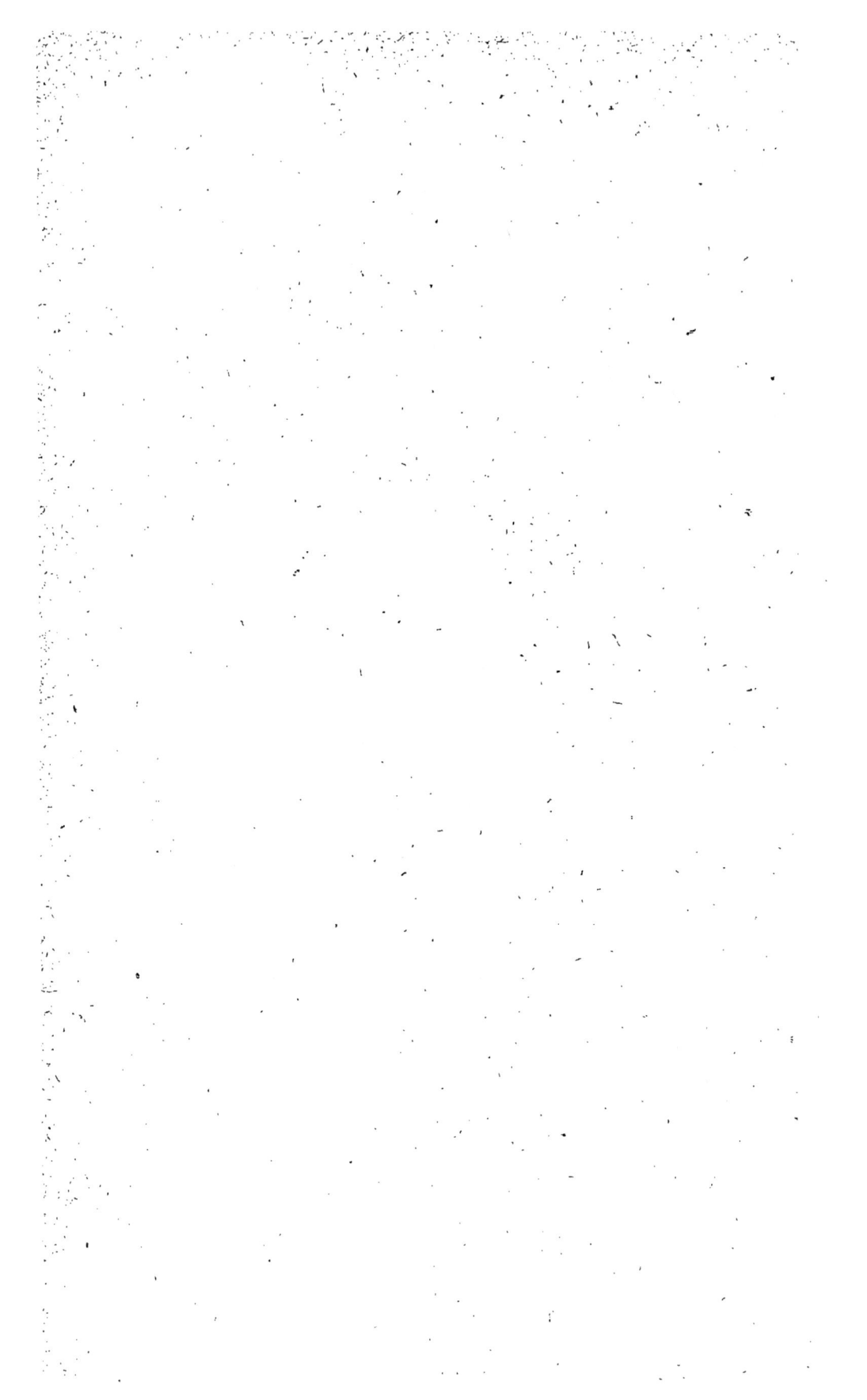

*vainçu et désarmé comme un coupable, et de punir le patriotisme
comme un crime !* »

Cette inscription nette, ferme, d'une heureuse précision, d'une
éloquence sans emphase, mérite d'être retenue à l'égal d'une
sentence de patriotisme, et en la lisant les jeunes gens de Châtillon devront se souvenir que nulle part nos vainqueurs n'ont
montré une plus implacable dureté que dans leur ville natale.

Monument du combat de Châtillon.

Les tombes de 84 soldats allemands disséminées dans le cimetière ont été réunies dans une concession, sur laquelle l'Etat
a fait transporter les pierres tombales et une colonne élevée par
l'armée d'occupation.

Une autre concession a été consacrée à la sépulture de 8 francs-
tireurs tués au combat de Châtillon ou décédés des suites de
leurs blessures. On a érigé sur leur tombe, avec le produit
d'une souscription faite dans la ville, un monument funéraire en
pierre de taille. Ce monument se compose d'une stèle en forme
de socle, ornée de trois couronnes sculptées et de l'inscription :

« *A la mémoire des francs-tireurs morts en combattant, le 19
novembre 1870.* »

CHAPITRE X

LE PREMIER COMBAT DE NUITS (20 *novembre*). — LE MARTYRE DE
LÉON MESNY DE BOISSEAUX.

Aussitôt après l'occupation de Dijon par les troupes allemandes, des éclaireurs badois ne tardèrent pas à venir à Nuits,
faire des réquisitions.

Dès le 2 novembre, un détachement de quatre cents hommes
y arrive. La ville étant complètement dégarnie de troupes, il y
entre sans coup férir, y passe la nuit ; mais la position lui pa-
raissant dangereuse, il repart dès le lendemain.

Nuits est, en effet, dominé par la montagne, et il y avait dans
le voisinage des francs-tireurs, commandés par Bourras, chef
très hardi, qui opérait d'une manière indépendante dans les
montagnes de la Côte-d'Or. « Sa petite troupe, très mobile et
constamment tenue en haleine, allait, venait, arrivant à l'improviste, de jour et de nuit, partant de même, empêchant les
réquisitions des Prussiens dans les campages, leur enlevant des
convois de vivres , courant jusqu'aux avant-postes de Dijon,
tuant parfois quelques sentinelles et ramenant de temps à autre
quelques prisonniers. » (C. RÉMOND.)

Chaque jour, les Badois reviennent à la charge, toujours plus
exigeants et plus arrogants. Leurs réquisitions, toujours oné-
reuses, sont parfois grotesques. Un jour, ne sachant plus que
réclamer, ils demandent *une livraison immédiate de 50,000 ci-
gares !*

Le 20 novembre, au matin, cinq cavaliers badois se présentent
à l'hôtel de ville, demandent à parler au maire. Celui-ci, absents
pour le moment, était remplacé par l'un des adjoints. « *Avez-
vous des francs-tireurs ?* dit le chef. — *Dans la ville, non*, répond
l'officier municipal ; *mais j'ignore ce qui se passe au dehors.* »

Pendant cette démarche, les francs-tireurs, postés sur le plateau de Chaux, à l'ouest de Nuits, avaient vu les éclaireurs et
les attendaient au sortir de la ville. La vedette badoise, qui les
aperçoit, donne le signal de la retraite : deux uhlans s'échappent
par la route de Boncourt, mais les trois autres, qui s'élancent
sur la route de Dijon, subissent le feu des francs-tireurs ; l'un
d'eux, blessé, reste sur place ; les autres, plus heureux, peuvent
aller rendre compte de l'attaque dont ils viennent d'être l'objet.

Le blessé, immédiatement relevé, fut transporté à l'hôpital
par les francs-tireurs, qui donnèrent ainsi un exemple d'humanité auquel l'ennemi allait répondre par un acte de sauvage
barbarie.

Après une courte occupation de la ville, les francs-tireurs, se
doutant bien que l'ennemi va revenir en nombre, se retirent
dans leurs premières positions. En effet, quelques heures après,

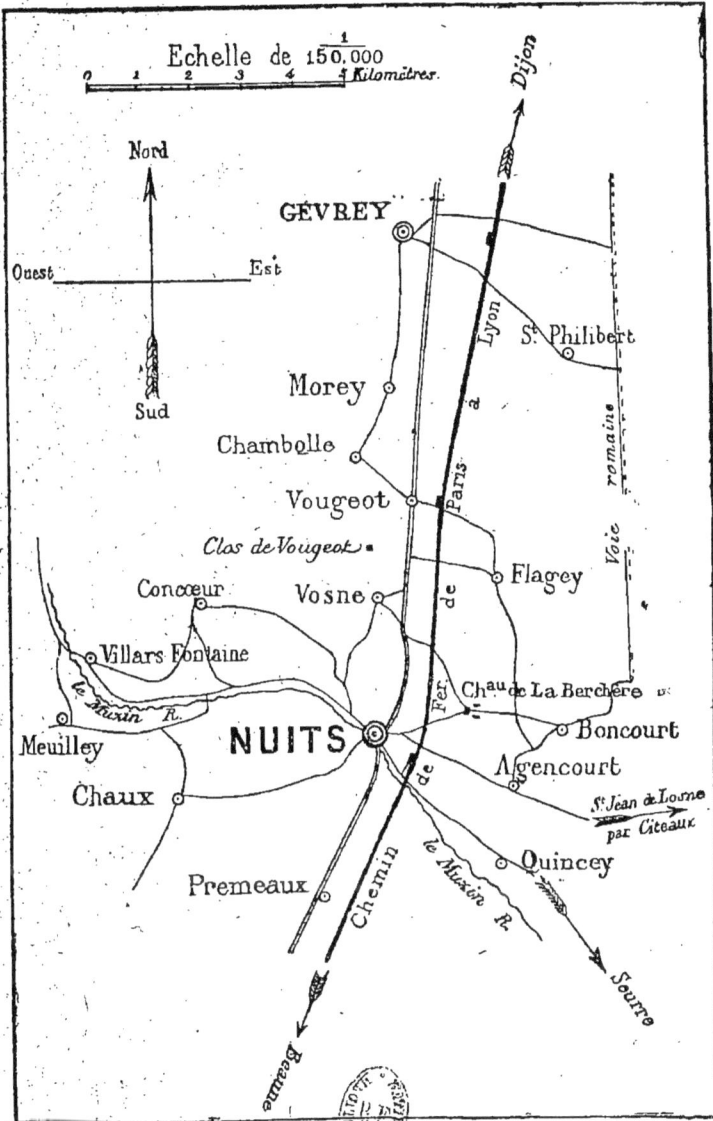

Echelle de 1/150.000

Nord

Ouest   Est

Sud

Dijon

GÉVREY

Lyon   St Philibert

Morey

Chambolle

Vougeot

Clos de Vougeot

Conœur   Vosne   Flagey

Villars Fontaine

le Muzin R.

Meuilley

NUITS

Ch^{au} de La Berchère

Boncourt

Chaux

Agencourt

St Jean de Losne par Citeaux

Premeaux

Chemin de Fer

le Muzin R.

Quincey

Beaune

Sourne

Voie romaine

Paris à

de

Carte du combat de Nuits.
(Extrait des *Batailles de Nuits*, par CH. RÉMOND.)

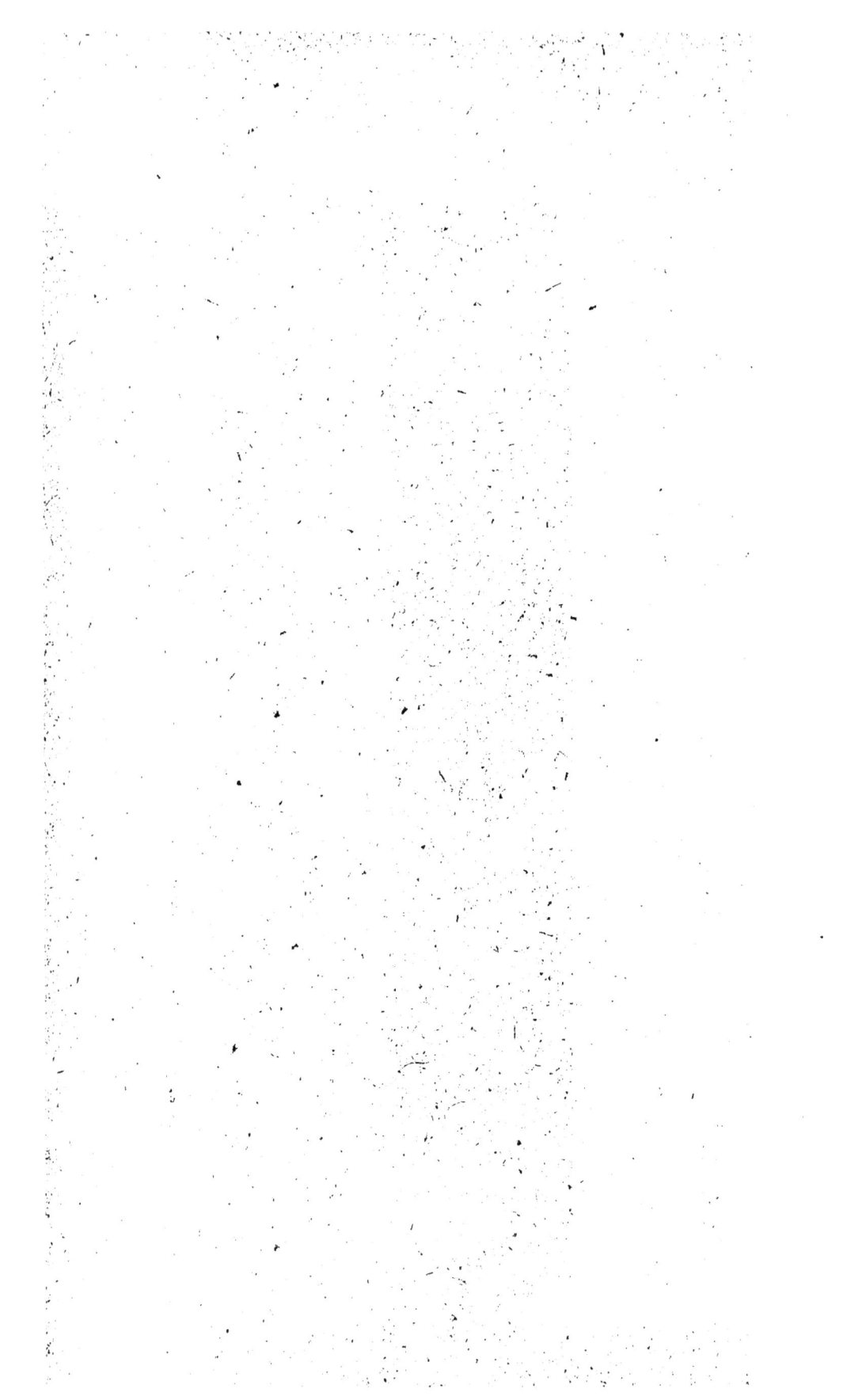

douze cents hommes avec une section d'artillerie se portent de Vougeot sur Nuits.

L'artillerie, placée sur la hauteur entre Nuits et Vosne, canonne de flanc du plateau de Chaux, où les francs-tireurs s'étaient retirés. Abrités derrière de nombreux murs de jardins et de maisonnettes, ils continuent le feu jusqu'à trois heures, couvrant l'ennemi d'un feu plongeant très nourri.

Dans la soirée, les Badois parviennent à former des colonnes d'assaut et délogent nos francs-tireurs en les rejetant sur le plateau de Chaux.

Furieux de la résistance inattendue qu'ils avaient rencontrée, les Allemands saccagent les villas qui se trouvent le long de la route et les incendient. La ville est éclairée par la lueur de ces feux sinistres.

Lorsqu'ils redescendent à Nuits, ils s'élancent à la mairie, saisissent l'adjoint, le secrétaire et son commis, le directeur du télégraphe, et les emmènent comme otages à Gilly, les jetant dans les fossés, leur distribuant force coups de crosses et menaçant de les fusiller. Puis, avant d'évacuer la ville, ils lui imposent une contribution de guerre de 10,000 francs qui doit être payée le lendemain, à midi, en échange des otages, sinon bombardement et pillage, et comme échantillon ils appuient leur demande de deux coups de canon.

Des parlementaires connaissant la langue allemande sont chargés d'entrer en négociations avec l'ennemi. Ils obtiennent une réduction de moitié sur la somme exigée et la mise en liberté des otages.

Cette affaire qui nous coûta un tué et six blessés, aux Allemands 10 tués et 42 blessés, n'était qu'une simple reconnaissance que Werder venait de tenter. Le détachement qui l'avait exécutée se replia sur Dijon, après avoir laissé des traces horribles de son passage et des menaces peu rassurantes pour l'avenir.

Mais l'ennemi mit le comble à sa cruauté en commettant un de ces actes de sauvagerie dont les Teutons sont seuls capables.

Au moment où les francs-tireurs, repoussés par les Badois, se retirent sur le plateau, un des leurs, s'étant fait une entorse, n'avait pu suivre la retraite. Epuisé de fatigue, malade, incapable de faire un pas, ses camarades l'avaient porté sur le bord de la route de Chaux, dans une carrière, et là, haletant, grelottant la fièvre, il s'était blotti. Mais bientôt les pillards et les incendiaires allemands qui couraient la montagne découvrirent la retraite du moribond. Ils fondent sur lui, crosses levées, sabres en l'air, hurlants, affolés, grisés de meurtre. Alors le petit Français, voyant tout espoir perdu, rassemble ses forces et bondit dans un suprême effort.

« A ce moment, quoique criblé de blessures, il respirait encore. Il est poussé du pied, relevé de force, au milieu d'horribles clameurs, et entraîné pour un nouveau supplice.

« Le malheureux fut conduit à une demi-lieue de là, sur la

route de Dijon, derrière le jardin anglais, tandis que de toute
part la montagne était enveloppée de flammes et de fumée. Il
marchait sous les coups de crosse et les coups de sabre, sous
les injures et les crachats, râlant, brisé, la figure déchirée, sanglant... Chez nous, un ennemi blessé, désarmé, à terre, n'est plus
un ennemi ; mais nos durs vainqueurs ne connaissaient pas ce pré-
cepte. A la fin Mesny tomba. Alors, longuement, lentement,
avec des hourrahs de cannibales, les soudards teutons lardèrent
à coups de baïonnette cette chair palpitante, jusqu'à ce que,
froide et rigide, elle ne fût plus qu'un cadavre portant 38 blessures, avec la tête presque séparée du tronc !

« Ce héros, ce martyr, s'appelait Léon Mesny de Boisseaux.
Engagé volontaire dans les francs-tireurs du Jura, il avait à
peine 18 ans. Il était d'une grande famille, l'une des plus
riches de la Franche-Comté. Il était beau, il était brave, il possédait les dons réunis de l'intelligence et de la fortune ; il était
adoré de sa mère qui était veuve et qui n'avait plus que lui au
monde ; il n'hésita pas à tout quitter, à tout sacrifier pour courir à la défense de la France envahie.

« Au milieu de la nuit, on apporta le martyr à l'hôpital. Les
sœurs hospitalières l'ensevelirent elles-mêmes. Ses compagnons
d'armes vinrent faire la veillée auprès du cercueil avec les
sœurs. La nuit suivante, ses restes furent emportés à l'hôpital
de Beaune, pour être remis à sa mère. Brisée de douleur, la
pauvre femme eut assez de volonté et assez de force pour venir
au-devant de la chère dépouille.

« Aujourd'hui, au sortir de Nuits, sur le bord de la route, à
l'endroit où Mesny tomba pour ne plus se relever, on voit une
croix de pierre au milieu d'un parterre de fleurs toujours renou-
velées par des mains amies.

« Les guerres de la Révolution ont eu leurs enfants héroïques.
La défense nationale n'a-t-elle pas eu les siens ? » (C. RÉ-
MOND.)

A la nouvelle de ce massacre, le commandant des francs-tireurs, Bourras, écrivit la lettre suivante au général de Werder :

« J'ai l'honneur de porter à votre connaissance un fait indi-
« gne de toute nation civilisée, qui s'est passé hier à Nuits.

« Le franc-tireur Mesny, d'Arbois (Jura), harassé, fatigué,
« n'a pu suivre ses camarades et a été fait prisonnier. Le chef
« badois, dont je ne connais pas le grade, l'a amené à la place où
« un cavalier badois avait été blessé le matin, et l'a fait fusiller
« après l'avoir taillé à coups de sabre. Cet officier a commis
« une action d'autant plus honteuse, qu'avant de la commettre
« il s'était informé de la manière dont on avait traité le blessé
« badois le matin et qu'il savait pertinemment qu'il avait été
« parfaitement soigné.

« J'aime à espérer que cet acte est un fait isolé et que vous
« en ferez faire promptement justice. »

Le général allemand répondit au commandant Bourras qu'il allait ordonner une enquête sur le fait qu'il venait de lui signaler ; mais, comme il fallait le prévoir, aucune suite ne fut donnée à l'enquête promise.

CHAPITRE XI

SECOND COMBAT DE NUITS (30 *novembre*).

Le combat du 20 novembre avait eu lieu entre les Badois et les francs-tireurs ; dans les affaires qui vont suivre, l'ennemi va se trouver en présence d'éléments nouveaux.

Un jeune capitaine d'état-major, évadé de Metz et fait général par le gouvernement de la Défense nationale, Cremer, reçoit, le 25 novembre, l'ordre de prendre le commandement d'une brigade stationnée à Chagny. Entre autres corps, cette brigade se composait de deux légions de mobilisés du Rhône, d'un bataillon de mobilisés de la Gironde, d'une batterie d'artillerie. Ce sont ces troupes, braves, mais sans expérience des choses de la guerre, qui vont tenir tête à Werder et livrer les combats de Nuits et de Châteauneuf.

A peine investi des pouvoirs nécessaires, Cremer s'entend avec Garibaldi pour une attaque combinée sur Dijon. Elle ne put être exécutée, parce que Werder, inquiet des mouvements de nos troupes autour de Dijon, lance précipitamment Degenfeld sur Garibaldi qui était à Pasques, oblige ce dernier à se replier jusqu'à Autun, où il trouve un point d'appui. Keller vient néanmoins l'y attaquer, mais il ne parvient pas à l'en déloger.

A la nouvelle de la retraite de l'armée des Vosges, Cremer, dont le centre était à Gevrey, se replie sur Nuits bien décidé à s'y maintenir et à y rassembler toutes ses forces.

Le 28, il s'occupait de se fortifier dans sa nouvelle position, lorsque le général de division Crévisier lui intimait l'ordre de se retirer sur Beaune, avec ses troupes Il dut céder, mais, dans la nuit même, Crévisier fut révoqué, et Cremer, nommé divisionnaire, prit la direction des opérations.

Le 30, il part de Beaune pour Nuits, où 2,000 Prussiens s'étaient établis à sa suite, le 28 au soir.

En route, il apprend que l'ennemi est fortement retranché à Nuits, avec des canons et des forces considérables. Il presse la marche de la colonne avec d'autant plus d'instance qu'on entend gronder le canon. L'ennemi, en effet, canonne le flanc du plateau de Chaux, mais aucun coup de feu ne répond à son attaque. En ville, il fait ouvrir, sous peine de pillage, portes et fenêtres (tout était clos), puis il s'approche de la montagne. C'est alors

que commence une vive fusillade. Après avoir lancé 70 ou 80
obus, l'artillerie ennemie se tait. Tout à coup, deux détonations
se font entendre : ce sont les corps-francs qui prennent les armes à la voix du canon et qui engagent un feu nourri sur la
gauche du plateau de Chaux.

CHASSEUR DU RHÔNE
Dessin de CH. RÉMOND. — Extrait des *Batailles de Nuits*.

En ce moment, arrive le général Cremer. « Il fait commencer
le feu à 209 mètres du clos Lupé, et, quoique sans artillerie, il
n'avait pas hésité à s'engager résolument. Entouré de son état-
major, dont presque tous les officiers s'étaient comme lui évadés
de Metz, il se tenait, avec une crânerie qui n'excluait pas le
vrai courage, au centre de la ligne d'attaque, sur la route de
Beaune, balayée à chaque instant par les balles. A sa droite, le
colonel Ferrer eut son cheval criblé de projectiles.

CREMER.
Dessin de CH. RÉMOND — Extrait des *Batailles de Nuits*.

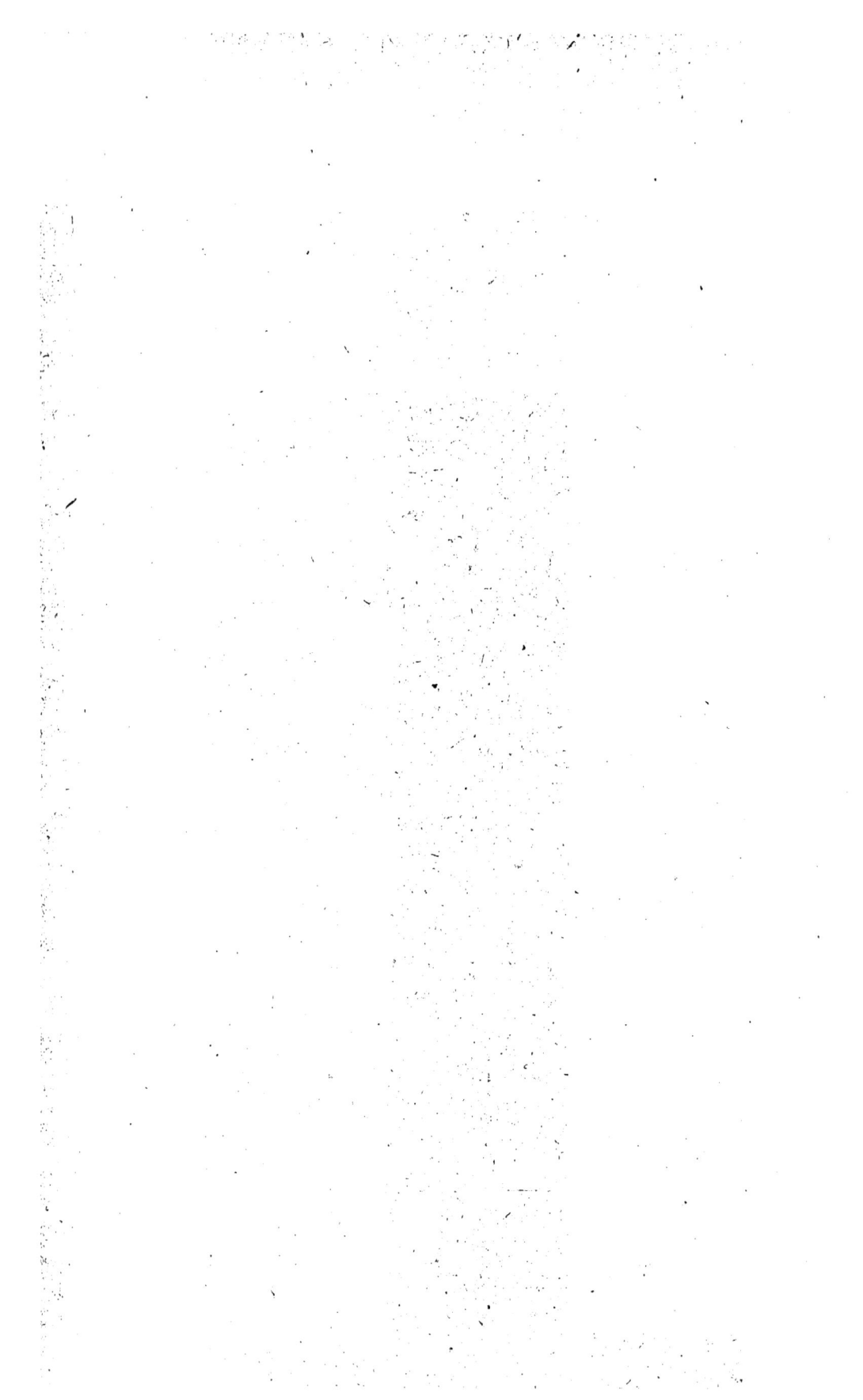

« Nos soldats, tout d'abord terrifiés par ce feu roulant qu'ils essuyaient pour la première fois, se rassurèrent bien vite en voyant le sang-froid de leurs chefs.

« Le capitaine Sandoz déploie sa 1re compagnie et riposte vivement au feu de l'ennemi. Le colonel Ferrer, démonté, dirige à pied deux compagnies du 3e bataillon pour le relier au 1er et aux francs-tireurs qui continuent un mouvement tournant par Saint-Symphorien, et refoule les colonnes débouchant de Nuits par la route de Dijon.

« Au centre, un clairon des *Tirailleurs des Cévennes*, Louis Borey, tombe mortellement blessé en sonnant la charge. Le lieutenant Louby ramasse le fusil du mourant qu'il jure de venger et s'élance en avant, suivi des tirailleurs de la légion.

« Electrisés par cet exemples, les légionnaires du 2me bataillon se précipitent dans la ville, rejoignent les Allemands qu'ils forcent à reculer par un feu à bout portant et une vigoureuse charge à la baïonnette. Quelques Badois qui s'étaient cachés dans les maisons sont découverts et tués sur place.

« Au même instant, un homme d'un rare coup d'œil et d'un beau courage, le commandant de Carayon-Latour, du bataillon de la Gironde, vient de faire une diversion inattendue. Lançant son bataillon sur la gare du chemin de fer, il a tourné la gauche de l'ennemi, il va l'attaquer à revers par la rue de Quinçey et lui coupe la retraite.

« La situation était critique pour les Prussiens. Après un moment d'hésitation, ils cessèrent le feu et se replièrent au plus vite ». (CH. RÉMOND.)

La nuit était venue favoriser cette retraite, que nous ne pouvions d'ailleurs inquiéter, faute de cavalerie.

L'ennemi se retire au château de la Berchère, où il se fortifie ; le lendemain, il abandonne ce poste et se retire sur Dijon.

Cette retraite précipitée, l'arrivée du général Cremer qui avait montré de l'énergie et de l'habileté, avaient provoqué un grand enthousiasme parmi les habitants ; on sortait sans souci, ou plutôt sans conscience du danger, pour applaudir et féliciter les vainqueurs.

« Le lendemain, 1er décembre, à 10 heures du matin, l'ennemi fit un retour offensif ; mais ce ne fut qu'une légère escarmouche entre une compagnie de la Gironde et quelques éclaireurs prussiens.

« Le même jour, à 4 heures du soir, les ambulances prussiennes se présentèrent aux avant-postes pour recueillir les blessés allemands. Le colonel Ferrer voulait les retenir prisonniers ; mais le général Cremer les remit génereusement en liberté, en donnant aux officiers et aux médecins qui les accompagnaient l'assurance que leurs blessés étaient parfaitement soignés par nous. »

CHAPITRE XII

BATAILLE DE NUITS (18 *décembre* 1870).

Le 18 décembre 1870, par un temps brumeux mais relativement doux, une partie des troupes françaises occupant Nuits,
commandées par le général Cremer, laissant leurs sacs dans leur
cantonnement, partent en reconnaissance sur la route de Dijon et
s'arrêtent à Gevrey.

Pendant que ce mouvement s'opère, le général badois Werder
met ses troupes en marche pour exécuter le plan qu'il avait
conçu, ou de prendre les Français à Nuits, ou de les rejeter sur
Beaune, Chagny, afin de pouvoir opérer ensuite tranquillement
sa marche sur Vesoul et Belfort.

Dès la veille, sa droite, général Degenfeld, suivant la route de
Pont-de-Pany, était allée se porter à Urcy, d'où elle devait
partir le lendemain matin, à cinq heures et demie, pour se diriger par l'Etaug-Vergy sur Villards-Fontaine et attaquer le plateau de Chaux. Une autre petite colonne, major Unger, partant
de Dijon à huit heures, devait suivre la route nationale de Dijon
à Beaune par Nuits ; une troisième, colonel Arnold, par Cham-
bœuf et Curley, se proposait de gagner Concœur et enlever, de
concert avec Degenfeld, le plateau de Chaux, ou au besoin descendre à Nuits. Ces deux détachements reliaient la droite à la
colonne principale qui s'était massée à Longvic, sous les ordres
directs de Werder, et en partait à sept heures et demie, suivant
la route de Dijon à Seurre jusqu'à Saulon, pour obliquer à droite
et gagner Boncourt par Barges, Broindon, Epernay et Saint-
Bernard.

Dans cette direction, elle ne tarde pas à rencontrer nos éclaireurs et francs-tireurs postés à Broindon et à Epernay ; ceux-ci,
tout en échangeant quelques balles avec les éclaireurs ennemis,
préviennent le général Cremer, à Gevrey, de la marche de l'ennemi et se replient sur St-Bernard et Boncourt, où ils trouvent
le 32ᵉ de marche, colonel Graziani, qui s'apprête à une résistance sérieuse.

Sur la route de Dijon, les cavaliers du major Unger essuient
les décharges des légionnaires postés à Gevrey.

Averti de la marche de Werder sur sa droite, de Degenfeld
sur sa gauche, le général Cremer ordonne une prompte retraite sur Nuits, où il arrive à onze heures, alors que le canon
résonnait déjà à Boncourt et Villars.

Il donne alors ses ordres : Graziani doit tenir à Boncourt aussi
longtemps que possible, puis se retirer sur La Berchère, et, s'il
est obligé d'évacuer ce point, prendre position dans la tranchée
du chemin de fer et s'y maintenir à tout prix. Celler, colonel
de la 1ʳᵉ légion, doit défendre le nord de Nuits, de la fontaine de

BATAILLE DE NUITS.

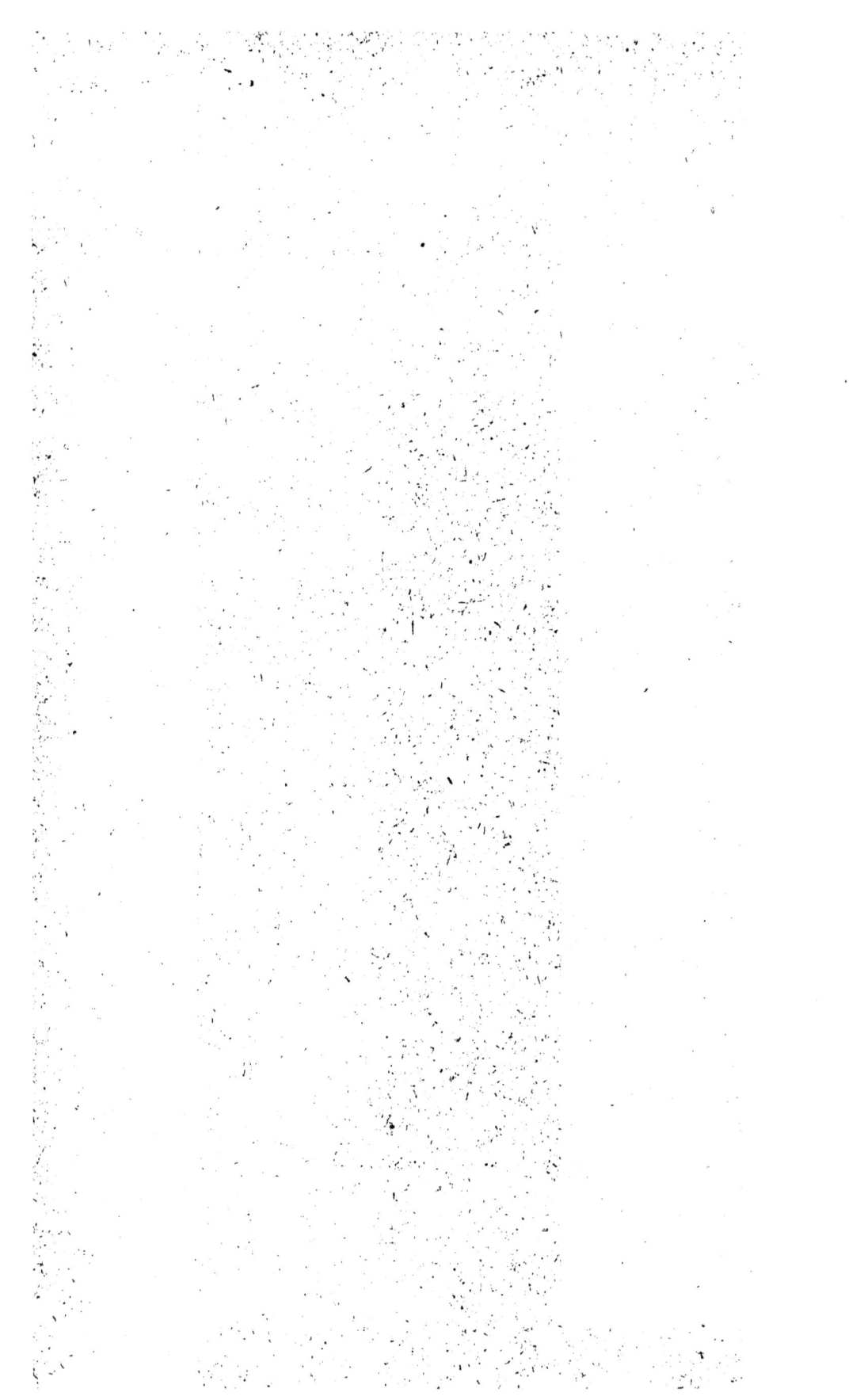

Vosne à la tranchée. Le colonel Poullet, chef d'état-major du général, doit prendre le commandement des troupes sur le plateau de Chaux et s'opposer au passage de Degenfeld ; le reste des troupes reste en réserve à Nuits ; l'ordre est donné à celles qui sont en arrière de se mettre en marche sur la ville ; le 57ᵉ doit même utiliser les trains pour arriver plus vite sur le champ de bataille.

Pendant tous ces mouvements, la brume s'était dissipée ; un soleil brillant allait augmenter le dégel et rendre le terrain difficile pour les manœuvres ; beaucoup de projectiles s'enfonceront dans la terre molle et n'éclateront pas.

Voyons maintenant les différentes phases de la lutte.

ATTAQUE SUR VILLARS-FONTAINE

A peine Degenfeld est-il arrivé (10 h. 1[2) qu'il s'avance en avant de Villars, y fait placer quatre pièces d'artillerie pour sonder le terrain ; en le voyant occupé, il couvre le plateau de projectiles. Le colonel Poullet, qui parcourait la crête et faisait placer sa batterie, a son cheval tué sous lui. Bientôt le canon français, par un feu plongeant, force l'artillerie ennemie à rétrograder en arrière de Villars ; placée alors à l'extrême portée de nos pièces de quatre rayées, l'artillerie ennemie, supérieure en nombre et en portée, cause des pertes sensibles dans la batterie française, qui change plusieurs fois de position pour gêner le tir ennemi.

Degenfeld prépare alors l'attaque du plateau par l'infanterie, dont une partie par Segrois essaie de franchir le bois de Mantouan, pour donner la main à Arnold, tandis que le reste, suivant la route de Villars à Nuits, se dispose à gagner le même point par le bas du plateau ; les difficultés que présente la forêt arrêtent les premiers qui rejoignent la colonne. Quant aux autres, ils n'ont pas fait quelques pas sur la route, que des flancs du bois Poinsot éclate une fusillade qui les avertit que la position est surveillée et la route inpraticable.

L'ordre d'attaquer la position française par le Muzin est donné ; les officiers animent, excitent leurs hommes, mais toutes les tentatives échouent. Nos soldats, cachés et abrités, risquent peu, tandis que l'ennemi ne saurait faire un pas sans être à découvert. Aussi, vers trois heures, Degenfeld, qui ignore le nombre de ses adversaires et ce qui se passe à Nuits, se décide à la retraite, laquelle est bientôt accélérée par l'attaque d'une compagnie de la 2ᵉ légion, capitaine Masse, et les tirailleurs du 32ᵉ qui franchissent le Muzin et entrent à Villars. Les Badois, protégés par leur artillerie, sont en pleine retraite, emmenant leurs morts. Degenfeld ne s'arrêtera qu'à Marsannay et à Perrigny.

ATTAQUE DE CONCŒUR

Tandis que Degenfeld échouait dans sa tentative sur Villars, Arnold, arrivé à Concœur à 11 heures 1[2, rejetait la compagnie du capitaine Monnier dans le bois de Mantouan, qu'elle ne devait quitter que pendant la nuit, puis il essayait de gagner le plateau de Chaux ; mais les tirailleurs du commandant Guépy et le canon du commandant Valentin, à la Bergerie, l'obligent à s'éloigner. Comme il n'a pas d'artillerie, il ne peut lutter. Il se retire alors sur la gauche pour se mettre à l'abri, et sur les trois heures, appelé par Werder, il descend à Vosne pour remplacer Unger qui doit concourir à l'attaque de la tranchée au moment décisif.

La droite de l'armée ennemie n'avait donc pas réussi dans sa tentative de tourner l'armée française : la ligne de retraite était assurée.

ATTAQUE PRINCIPALE.

A l'arrivée de l'ennemi par les bois de Souzières et des Grands-Chênes, Graziani, appuyant sa gauche à la Berchère et sa droite à Boncourt, supporte les premiers assàuts des Badois. Bientôt les obus ennemis, passant par-dessus le bois, incendient quelques chaumières. Le colonel est malheureusement atteint à la poitrine ; malgré la douleur, il résiste, mais se voit néanmoins forcé de se replier sur la Berchère. Un instant, enlevant ses hommes, il refoule les Badois sur Boncourt.

Les ennemis, qui se sont étendus à droite et à gauche, renouvellent leur attaque et couvrent la Berchère de projectiles. Graziani, mourant, est transporté à l'hôpital, après avoir remis le commandement au chef des Girondins, de Carayon-Latour, qui essaie vainement d'arrêter l'ennemi. Son cheval est tué sous lui. Malgré son énergie, ses efforts héroïques, le château tombe au pouvoir de l'ennemi avec une soixantaine de nos soldats et des blessés. La retraite s'opère sur la voie ferrée, sous le feu de l'ennemi, et nous coûte près de 200 morts, blessés ou disparus.

Pendant cette lutte, la 1re légion avait pris position en avant de Nuits, sur la tranchée du chemin d'Agencourt à la fontaine de Vosne. Aperçue dans son mouvement par la batterie légère de Holz, à l'ouest de la Berchère, elle supporte un feu violent ; mais bientôt aussi, du flanc du plateau, la section Armstrong riposte vigoureusement à la batterie badoise, dont les servants sont mis hors de combat par les tirailleurs de la 1re légion. C'est alors que les 1re, 2e, 3e et 4e batteries viennent là soutenir, et 30 pièces de canons couvrent de projectiles et la tranchée et les abords de la ville. Il est deux heures ; la lutte devient sérieuse. L'ennemi a réussi à refouler les Français dans la tranchée qui est ainsi occupée : du pont de Vosne au pont Saint-Bernard, par le 1er bataillon de la 1re légion ; du pont Saint-Bernard au chemin de Boncourt, 2e bataillon, commandant Clot ; du chemin de Boncourt à la gare, 3e bataillon, commandant Vèbre ; de la gare au Muzin, par les Girondins et le 32e de marche ; environ 32,000 hommes bien postés, mais sur un front trop étendu de 3 kilo-

WERDER.

Dessin de CH. RÉMOND. — Extrait des *Batailles de Nuits*.

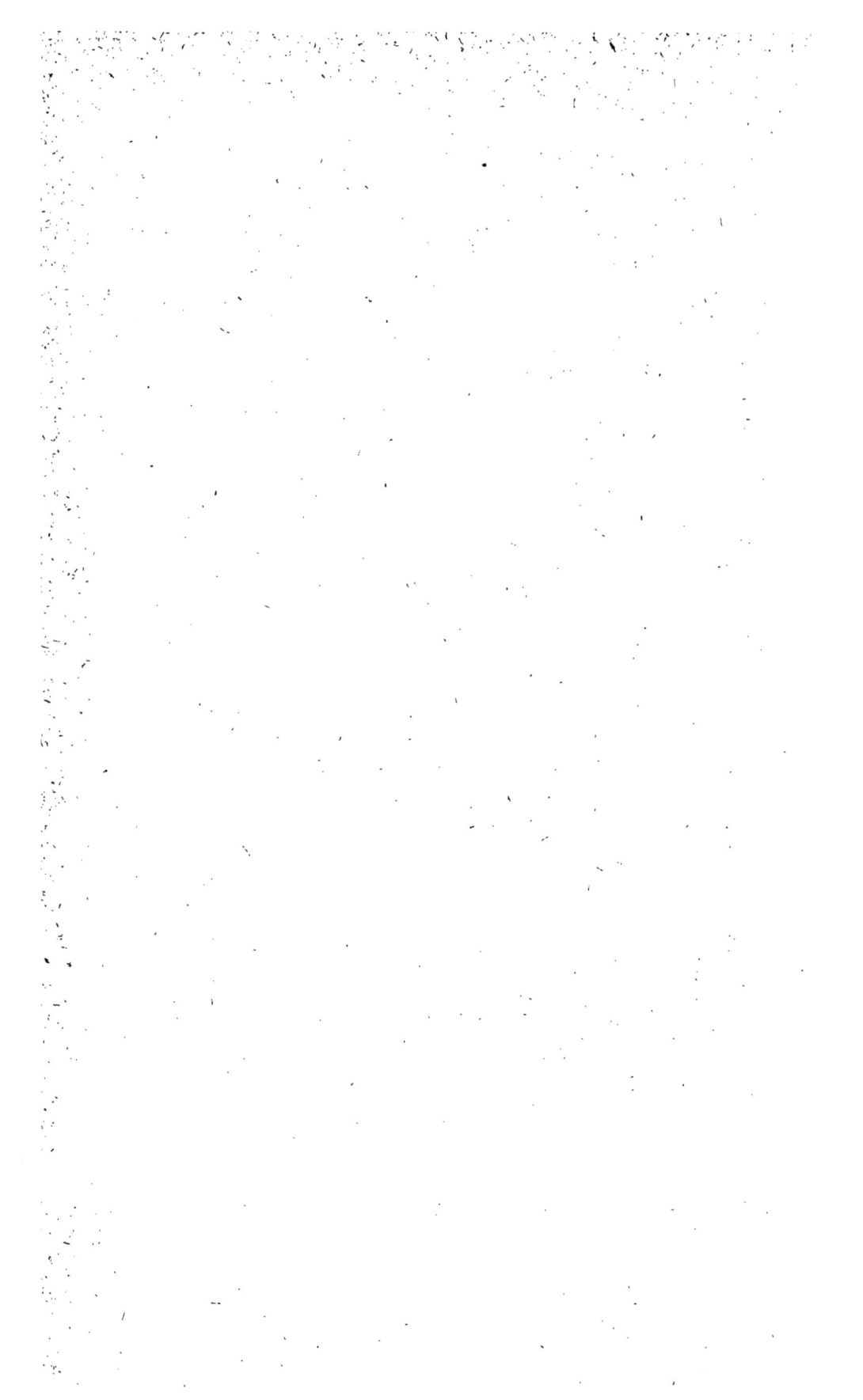

mètres. A Nuits, réserve de la 2° légion et quelques Girondins ;
3 compagnies à peine vont renforcer la ligne de défense; le reste,
paralysé en quelque sorte, ne sera d'aucune utilité.

Des colonnes ennemies tentent bientôt d'enlever la tranchée ;
écrasées par les batteries françaises, décimées par la pluie de
balles qui part des rangs des nôtres, elles se retirent emportant
le commandant Gemmingen mortellement atteint. L'artillerie
elle-même est forcée de se placer par échelons en arrière.

LA GARE DE NUITS.

Dessin de Ch. Rémond. — Extrait des *Batailles de Nuits*.

Cependant, toutes les troupes badoises se sont réunies, font
face à la tranchée et débordent à droite et à gauche ; la bataille
va entrer dans sa phase la plus sérieuse ; le moment décisif approche et les pertes vont devenir cruelles. Entre les chemins
d'Agencourt et de Boncourt, l'ennemi ayant gagné du terrain, le
brave colonel Celler, entraînant ses légionnaires, les repousse,
mais il tombe frappé à mort. On le transporte à Nuits, puis à
Lyon, où il succomba quelques jours après.

L'ennemi n'est pas plus épargné. Sous l'énergique impulsion
de leurs officiers, les Badois renouvellent l'assaut et arrivent à
portée de pistolet de la tranchée. Alors, un éclair se prolonge
le long du chemin de fer, et les Allemands disparaissent :
morts, blessés, vivants, tous tombent comme des épis sous un
vigoureux coup de faux. Il n'y a plus assez de fossés, de raies
de champs, de broussailles pour les cacher. Ceux qui ne sont
pas à plat ventre, sont pliés en deux, poussant des hurrahs sans
écho. Et la ligne infernale pétille et étincelle toujours.

Les bataillons de Werder n'osent plus se relever ; encore un
peu, ils vont se débander. Le moment est critique et l'état-major
allemand le comprend. Une partie se met à la tête des troupes,
tandis que l'autre partie, les frappant par derrière à coups de
plat de sabre, les oblige à se tenir debout et à combattre. On les

fait avancer par bonds ; à chaque décharge, les invincibles soldats se couchent à terre. Ils sont décimés et démoralisés. Héroïques enfants du Rhône et de la Gironde, francs-tireurs, bravo ! Les mânes de Celler et de Graziani sont vengées ; leurs corps encore chauds doivent tressaillir de joie ; vous leur faites un sanglant holocauste.

La nuit approche et le général de Werder, ne connaissant pas exactement les forces qui pouvaient lui être opposées, désespérant d'emporter la position, prend déjà des dispositions pour faire cesser le combat, lorsqu'il apprend que la partie de la tranchée, au passage à niveau, est enlevée. Ce n'était que trop vrai. Le commandant Clôt et ses légionnaires s'étaient jusque-là battus comme des lions. Au plus fort de l'action, on s'aperçoit que les cartouches vont manquer ; on vide les gibernes des morts et des blessés, en attendant les cartouches et les renforts demandés à Nuits. Mais, hélas ! rien n'arrive et, après avoir lutté avec l'énergie du désespoir, il faut abandonner la tranchée et battre en retraite.

Maîtres de cette situation importante, les Badois prennent la tranchée en enfilade du côté de la gare et du côté du pont Saint-Bernard, et forcent nos soldats à abandonner cette forte position où, abrités à leur tour, ils font éprouver aux nôtres des pertes terribles : la 1re légion seule perd la moitié de ses officiers et 700 hommes.

A la gare, la lutte continue quelque temps sous la direction de M. Meignant, chef de gare, ancien sergent-major de zouaves. Il déploie là, et plus tard dans les rues, une rare énergie, un courage et une bravoure dignes de tous éloges. Il en fut récompensé par la croix d'honneur, et ce fut justice.

Nombre de légionnaires sont rentrés à Nuits et gagnent déjà le plateau ; d'autres, plus énergiques, ne peuvent se décider à déposer les armes. Sous l'impulsion des commandants Mouton et Nicovelli, et des capitaines Sandoz, Jauffret, Ulpat, Rogemond et Gerboz, postés à la maison Dupont-Marey-Monge, au grand jardin anglais, ils dirigent sur l'ennemi un feu nourri qui le tient à distance ; l'artillerie les seconde en dirigeant son tir sur la tranchée et sur l'artillerie ennemie, dont les projectiles viennent d'allumer deux incendies dans la ville.

Tous ces efforts n'empêchent malheureusement pas l'ennemi de gagner du terrain, de repousser nos braves soldats et de pénétrer en ville par le nord et l'est. On se défend encore dans les rues en se retirant. Le capitaine Gockel, des grenadiers de la garde badoise, y est tué. Des fuyards de la 2e légion étaient cachés dans les maisons ; les Allemands les fusillent ou les font prisonniers. Puis, ils tirent contre les portes et les fenêtres et se livrent au pillage.

Le général Cremer ordonna la retraite sur Chaux ; elle s'effectua tout en combattant.

Tout à coup une vive fusillade éclate au sud du côté de la rue de Beaune et de la gare : c'est le brave colonel Millot, avec

57ᵉ DE MARCHE.

(Extrait des *Batailles de Nuits*, par CH. RÉMOND.)

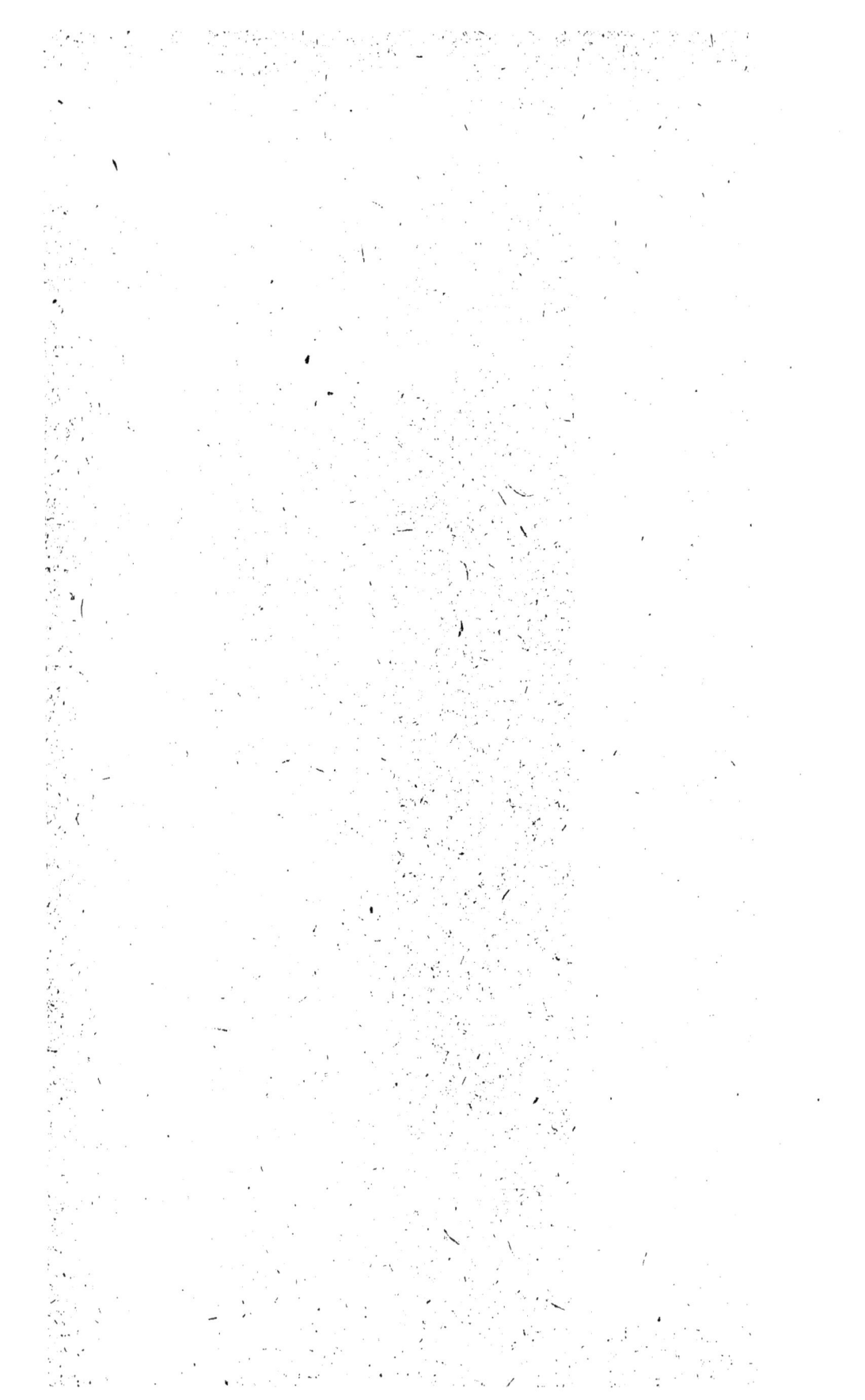

un bataillon du 57e de marche, qui s'élance à l'attaque du pont de la Place, tandis que le commandant Champcommunal attaque la gare ; efforts héroïques et infructueux : l'ennemi retranché partout, repousse les assaillants accourus trop tard ; leur intervention ne peut que favoriser la retraite en retardant les progrès de l'ennemi ; elle s'opère ainsi en bon ordre. Une heure plus tôt, le 57e apportait la victoire !

« La division du général Cremer se retira sur Beaune, à 10 heures du soir.

« De son côté, le général Werder, craignant d'être attaqué de nouveau le lendemain, commença dès six heures du matin à battre en retraite sur Dijon.

« Nous avions 1,700 hommes hors de combat, dont 2 colonels tués, 5 chefs de bataillon et 60 officiers blessés. Les pertes des Badois étaient à peu près égales aux nôtres.

» Ainsi, 8,000 hommes de troupes peu solides avec 18 pièces d'artillerie avaient tenu tête, toute une journée, à 18,000 Allemands rompus à la guerre, enivrés par le succès et soutenus par 36 canons.

« Ce combat, très meurtrier, eu égard à l'effectif engagé de part et d'autre, n'en était pas moins glorieux pour nos armes, et au milieu des désastres de l'année terrible, nous avions presque le droit de le considérer comme une victoire. »(Ch. RÉMOND.)

APRÈS LA BATAILLE.

Werder avait enfin trouvé à Nuits des adversaires braves, qui ont su mourir pour l'honneur de la patrie. Qu'étaient-ils donc ces soldats qui tenaient tête à des troupes rompues à la guerre ? Sans doute des hommes qui avaient fait campagne et qui étaient habitués aux fatigues et aux dangers de la vie des camps ? Non. C'était tout simplement, pour la majeure partie, des enfants de Lyon et de Bordeaux tirés la veille de l'atelier, du comptoir, du bureau, arrachés au foyer et improvisés soldats ; habitués aux douceurs de la vie de famille, le lendemain ils étaient, sans transition, obligés de camper dans la boue, de bivouaquer dans la neige, de manger du pain dur, de dormir sous la tente. « C'était pitié de voir ces malheureux transis, à la peau violacée, sabrée par la bise. Aux heures de halte, ils battaient la semelle, en attendant qu'ils maniassent le chassepot ou qu'on leur donnât l'ordre de courir à la baïonnette. » Ils ne se plaignaient pas ; ils croyaient toujours à l'étoile de la France et surent faire leur devoir. Il eût suffi à ces hommes de quelques renforts pour écraser Werder, le brûleur de Strasbourg, et pour faire de la journée indécise du 18 décembre une belle victoire.

Ce champ de bataille offrait un sinistre spectacle ; ce n'était que caissons enfoncés, chevaux éventrés, affûts brisés, que soldats morts ou mourants, partout des cadavres, ici par tas, ailleurs isolés. L'Allemagne a conservé un dur souvenir de cette journée où le prince Guillaume de Bade fut atteint à la tête, où sont tombés le général de Glümer, les colonels de Wechmar, de Rentz, le lieutenant-colonel Hoffmann, le baron de Rœder. Quand on vint lire à Werder le rapport de la journée et qu'il apprit que 97 de ses meilleurs officiers avaient été tués ou blessés, il s'écria : *Ce n'est pas la Côte-d'Or, ce pays, c'est la Côte-de-Fer !* »

La ville de Nuits eut beaucoup à souffrir pendant cette sombre journée du 18 décembre. Certaines rues étaient criblées de balles, d'obus. On ne voyait partout que fenêtres brisées, portes enfoncées, armoires effondrées. Plusieurs habitants furent tués dans leur maison ou à leurs fenêtres. L'hôtel de ville fut envahi et souillé ; d'autres maisons eurent le même sort.

« Dans la soirée, Werder fit enlever 12 otages choisis parmi les notables de la ville. Ils furent emmenés à pied à Dijon et enfermés toute une nuit dans l'église Saint-Michel en attendant qu'on eût décidé de leur sort; mais, en considération de l'humanité avec laquelle les habitants de Nuits traitaient les Prussiens blessés, la dureté du général en chef fut désarmée, et les otages, mis en liberté, purent regagner leurs foyers, sains et saufs.

« Nous devons renoncer à décrire le dévouement dont firent preuve les habitants, du plus pauvre au plus riche, au chevet des blessés.

« Pendant le combat, les sœurs hospitalières, avec une fermeté vraiment héroique, tandis que les obus tombaient à leurs pieds, s'en allaient prodiguant leurs soins aux mourants. Elles recevaient indistinctement les blessés de l'armée française et ceux de l'ennemi. Les salles de l'hôpital, les préaux, les cours, les serres du jardin, tout était rempli de ces malheureux. On marchait parfois dans des flaques de sang, et pendant toute cette journée du 18 décembre, on ne cessa d'entasser les morts et les mourants. Prêtres, médecins, brancardiers, citoyens devenus infirmiers, rivalisèrent de zèle. Parmi les plus intrépides, on remarquait une femme, *Marguerite Lhuillier*.....

« C'étaient des Lyonnais, des Bordelais, ceux enfin qui avaient soutenu tout le poids de la lutte. Leur plus grand souci, en expirant, était de savoir si les Prussiens étaient battus. On leur répondait invariablement que oui, et avec cela, ils partaient plus calmes, quelques-uns sans regret, le sourire aux lèvres.

« Ces scènes se renouvelaient pour ainsi dire dans chaque maison, car on peut dire que toutes les familles de Nuits eurent leur ambulance, petite ou grande. Les principales furent celles des Marey-Monge, des Marey-Félix, des Léger-Belair, des Mayol de Lupé, qui mirent leurs magnifiques habitations, leurs fortunes et leurs soins personnels au service de notre armée.

« L'ambulance de Lupé fut confiée par ordre du maire aux sœurs hospitalières.

« L'ambulance Marey-Félix fut organisée par les sœurs de Charité et de Saint-Vincent-de-Paul ;

« D'autres, par les Frères. Là, se réunirent les dames de la ville et un grand nombre d'autres habitants, hommes et femmes pour soigner les blessés.

Parmi les plus intrépides, on remarquait une femme,
Marguerite Lhuillier.

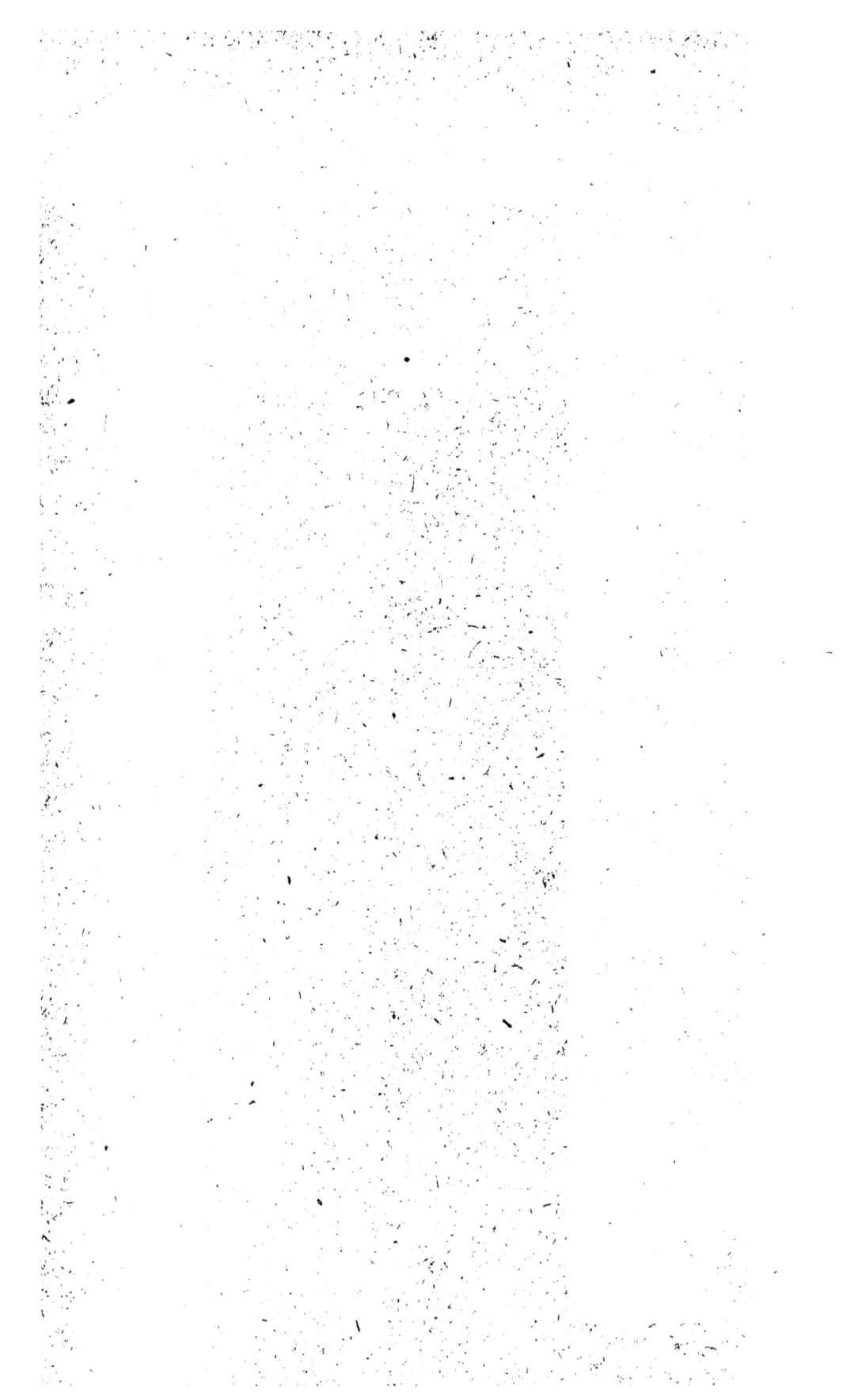

« L'abbé Garnier, curé de Nuits, se distinguait entre tous par son dévouement.

« On doit aussi conserver le souvenir des docteurs Lenoir et Quillardet, de M. Roche, dont les soins sauvèrent un grand nombre de vies.

« M. Henri de Bahèzre, qui fut maire de Nuits du 4 septembre à l'armistice — et qui l'est encore aujourd'hui.— fit noblement son devoir de citoyen et de magistrat par une excellente administration, par une dignité et une fermeté devant l'ennemi, qui ne faiblirent jamais.

« Les divergences d'opinion, les luttes de partis, d'ordinaire si vives à Nuits, avaient fait place à un admirable, à un unanime élan de charité et de patriotisme. » (CH. RÉMOND. — Les batailles de Nuits.)

Trois faits malheureux se sont produits lors de la bataille de Nuits, et ils ont exercé une influence néfaste sur l'issue des opérations engagées.

Le premier est le dissentiment qui éclata entre le colonel Bourras, commandant des francs-tireurs des Vosges, et le général Cremer. Bourras s'éloigna de Nuits avec 1,200 hommes, le 12 décembre ; il se retira sur Beaune, en attendant que le différend fût tranché par le ministre de la guerre.

Malgré les propositions du général Cremer, le corps-franc fut maintenu. Après s'être refait à Beaune, Bourras quitta cette ville le 16 avec ses troupes, pour Corberon. Le 17, il occupait Auvillars et Broin, et le 18 il devait partir pour Saint-Jean-de-Losne.

Toutefois, avant de s'éloigner des troupes de Nuits, le colonel Bourras partit d'Auvillars le 17, à la nuit tombante, et arriva à Nuits vers 9 heures du soir, où il offrit ses services au général en chef. Cremer lui fait répondre : « Qu'il peut se suffire avec ses troupes. » Réponse malheureuse qui priva la petite armé d'un appoint important et dont le concours, à un moment donné, pouvait exercer une influence considérable sur la marche des événements.

Si, en effet, au lieu de rester sourd à la voix du canon et de se diriger sur Saint-Jean-de-Losne, le corps-franc, entrant en scène au plus fort de la mêlée, au moment terrible de la lutte dans la tranchée, eût débouché de la forêt de Citeaux, les Allemands étaient pris entre deux feux, et la face de la bataille était complétement changée.

Au moment où les légionnaires du commandant Clôt se battaient comme de véritables Spartiates dans la tranchée, où l'ennemi allait prendre ses dispositions pour se retirer, les munitions viennent à manquer, et nos troupes sont réduites à l'impuissance.

Second fait aussi important et aussi malheureux que le premier.

Enfin, c'est un bataillon du 57e de marche qui arrive, quand le sort de la journée est décidé, assez à temps pour favoriser la retraite, mais trop tard pour changer quelque chose aux faits accomplis !

Les restes de 305 militaires français, tués au combat de Nuits ont été inhumés dans un caveau construit aux frais de l'Etat, et au-dessus duquel un Comité privé a fait élever un monument funéraire formé d'une pyramide quadrangulaire posée sur un socle, lequel est assis sur un grand soubassement. Le faîte de la pyramide est orné d'une grande palme et d'une couronne. Le socle porte une guirlande sculptée au-dessous d'une plaque où on lit la dédicace : « *Aux Français tués au combat de Nuits.* » Les noms des morts sont gravés sur deux dalles adossées à droite et à gauche, contre le socle. Ceux des bataillons et des régiments qui ont pris part au combat sont gravés sur les faces latérales de la pyramide.

Au moyen de fonds communaux et de souscriptions recueillies à Nuits, dans le Rhône et dans la Gironde, la municipalité a fait élever, au lieu même où se sont livrés les combats des 20, 30 novembre et 18 décembre 1870, un monument commémoratif. Ce monument est formé d'une pyramide quadrangulaire posée sur un socle crénelé, supporté lui-même par un soubassement de trois marches. Sur la face principale de la pyramide est sculptée une épée et au-dessous une couronne d'immortelles. En avant du piédestal est sculpté en bas-relief un lion léchant sa patte blessée et posée sur un fragment de fer de lance. Sur les autres faces sont inscrits les noms des corps qui ont pris part à la bataille.

A Vosne-Romanée, 41 soldats français, tués à la bataille de Nuits, sont inhumés au cimetière.

Sur la sépulture, la commune a élevé un monument formé d'une pyramide en pierre surmontée d'une croix et reposant sur un socle supporté par un soubassement de deux marches. On a gravé sur le socle l'écusson de la ville et sur la pyramide, au-dessus d'un bouclier, la dédicace : « *Ici reposent XXII légionnaires du Rhône, morts pour la défense de la Patrie, au combat de Nuits, le 18 décembre 1870. Erigé en leur honneur par les habitants de Vosne-Romanée.* »

CHAPITRE XIII

PONCEY-LES-PELLEREY. — CHANCEAUX. — BOUSSEY. — ASSASSINAT DE SIRDEY, A PONCEY. — AFFAIRE DE CHANCEAUX. — ASSASSINAT DE PÉCHINOT, A BOUSSEY. — VITTEAUX.

Le 30 novembre 1870, une colonne prussienne, forte de vingt mille hommes environ, suivait la route de Dijon à Paris. Arrivée

MONUMENT ÉLEVÉ SUR LE CHAMP DE BATAILLE DE NUITS.

Dessin de CH. RÉMOND. — Extrait des *Batailles de Nuits*.

MONUMENT DE VOSNE-ROMANÉE.

MONUMENT ÉLEVÉ A LA MÉMOIRE DES MOBILES DE LA GIRONDE.

(Extrait des *Batailles de Nuits*, par CH. RÉMOND.)

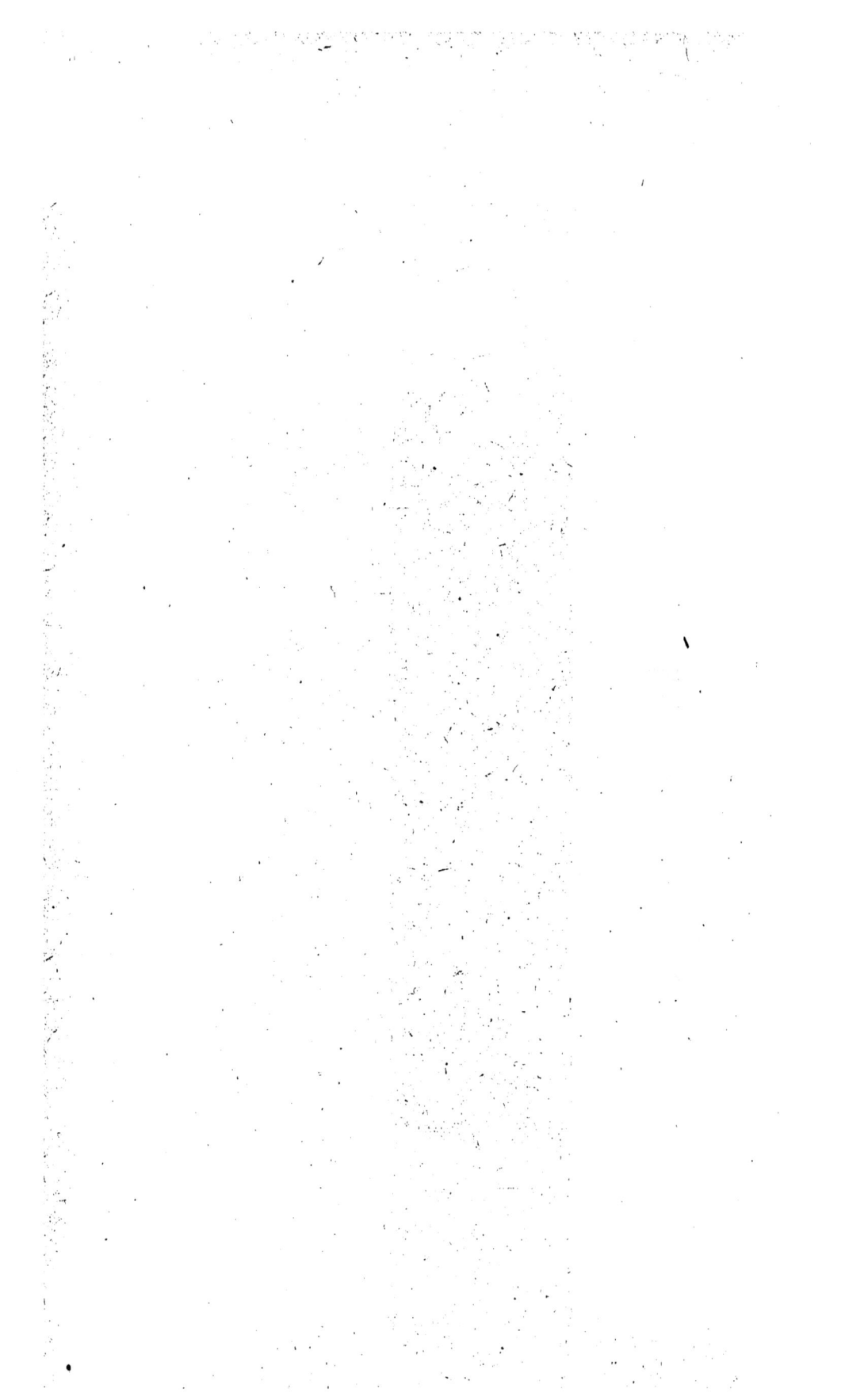

dans un endroit appelé « *sous les bois de Bligny* », une décharge de 12 coups de fusil est dirigée contre le flanc de l'arrière-garde. A cette attaque imprévue, toute la colonne s'arrête, et une reconnaissance fouille le bois et le fusille sans résultat.

Les agresseurs, douze gardes nationaux de Bligny-le-Sec, s'étaient prudemment esquivés et étaient hors de la portée des balles prussiennes.

Pendant que la reconnaissance est dirigée sur la gauche de la route, du côté de Bligny, quelques éclaireurs s'élancent sur la droite pour fouiller le taillis où s'étaient cachés deux habitants de la commune de Poncey, Faivret et Sirdey, qui avaient eu la malheureuse pensée de vouloir examiner de près l'uniforme prussien.

Faivret, voyant la manœuvre des éclaireurs, s'empresse de se sauver, obligé de se découvrir dans le trajet d'un taillis à un autre ; une vingtaine de coups de fusils lui envoient des messagers de mort ; les balles sifflent à ses oreilles, et aucune d'elles ne l'atteint.

Une fois à l'abri des coups de feu par suite de la grande déclivité du terrain, il s'arrête et se repose un instant sous une roche. A peine y était-il depuis quelques minutes, qu'une nouvelle fusillade annonçait un malheur. C'était Sirdey qui payait son imprudence de sa vie.

Entouré par les ennemis, il fut fusillé à bout portant, et cela malgré le tablier de toile qu'il portait et le bonnet de coton qui lui couvrait la tête : les Prussiens se vengeaient ainsi sur un innocent de la frayeur que leur avaient causée les gardes nationaux de Bligny.

En arrivant à Chanceaux, à quelques kilomètres du lieu de l'attaque et de l'assassinat de Sirdey, l'ennemi était furieux ; il crie et tempête, et à coups de crosse de fusil, fait rentrer dans leurs maisons les habitants qui se hasardaient à regarder au dehors.

C'était le prélude des souffrances de toute nature que les habitants de cette commune, située sur la grande route de Paris à Dijon, devaient endurer pendant l'invasion. Dix-sept fois les troupes ennemies l'ont occupée, exigeant chaque fois des réquisitions que les habitants étaient hors d'état de fournir à la fin de la campagne, n'ayant plus ni chevaux, ni vaches, ni moutons, ni subsistances.

Le 2 janvier 1871, les Allemands, délogés de Courceaux, reprennent l'offensive. Ils sont aux prises avec les *volontaires d'Alger* et ceux de *Tarn-et-Garonne*. Après une lutte d'une heure et demie, deux francs-tireurs, le sergent Revel et le caporal Cruchet, tombent entre les mains de l'ennemi ; il les achève à coups de baïonnettes, sans pitié, sans merci ; leurs cris déchirants s'entendaient jusqu'à Chanceaux. Le capitaine des francs-tireurs de Tarn-et-Garonne fut tué dans les bois, et huit jours se passèrent avant que son cadavre fût retrouvé. Les Prussiens s'étaient acharnés après lui ; et son visage, tout défiguré, portait la trace des coups de talons de bottes qu'il avait reçus après la mort.

Poursuivis par le lieutenant-colonel Lhoste , arrivé de Saint-Seine au secours des *volontaires* , les Allemands s'enfuient sur la route de Darcey, emmenant avec eux, comme otages, le maire de Chanceaux, M. Siméon, et plusieurs notables.

A BOUSSEY.

Le dimanche 2 décembre 1870, les Prussiens firent leur apparition à Boussey, petit village à trois kilomètres de Vitteaux. Les réquisitions furent organisées sur une large échelle, et bientôt les maisons furent pleines de soldats, les écuries de chevaux, et les provisions disparurent en un clin d'œil.

L'instituteur, malade depuis plusieurs jours, alité, se leva à l'arrivée des troupes ennemies. Incapable de faire un pas , il reste toute la journée, cloué sur sa chaise, grelottant du froid et de la fièvre.

A 9 heures du soir, les Prussiens logés à la maison commune chantaient autour d'une table sur laquelle étaient des arrosoirs de vin. Tout à coup la porte s'ouvre précipitamment pour donner passage à un soldat qui portait un de ses camarades, lequel avait la tête fendue d'un coup de sabre. Aussitôt, chirurgiens, officiers, soldats, envahissent la maison d'école : « *Mauvaises Françaises*, criaient-ils à l'instituteur *Garreau : tué soldate ; vous capoute, village brûlé.* » Voulant prévenir les autorités de ce qui venait de se passer, l'instituteur essaya de sortir ; mais, à peine dans la rue, il s'aperçut que la maison était cernée par nombre de Prussiens, qui se précipitèrent aussitôt sur lui. Vingt fusils étaient dirigés sur lui, et sa vie ne tenait qu'à un fil. Heureusement qu'un soldat qui logeait à la maison commune se trouvait là. Il se précipita sur M. Garreau, lui fit un rempart de son corps et criait : « *Boune Monsieur !* *malate!* et le fit rentrer à la maison.

Les Prussiens cherchaient le coupable. Il leur fallait une victime. Cette victime, ce fut un vieillard de 63 ans, M. Péchinot François, voisin de la maison d'école. Les ennemis font irruption dans son réduit, ils trouvent ce sexagénaire couché tout habillé; ils le saisissent, le traînent dehors par les pieds et le promènent ainsi dans la neige par tout le village, l'un lui donnant un coup de pied, l'autre un coup de crosse de fusil ou de sabre ; son corps ne présente plus qu'une masse informe ; sa chair et ses vêtements ne font plus qu'un ; les yeux lui sortent de la tête. On le jette en cet état sur le pavé d'une chambre basse où était établi le poste ennemi; il y passe la nuit couché sur le pavé, étendu dans l'eau glacée produite par la neige que chacun apportait en entrant. Le maire et le curé sont placés aux côtés du moribond , avec défense expresse de le secourir.

Le lendemain matin, avant de quitter la commune, les Prussiens essaient en vain de placer leur malheureuse victime contre un mur, afin de le fusiller ; elle expire entre leurs mains ! ..

Le soldat blessé, après avoir été pansé, passe la nuit dans le lit de l'instituteur. Le lendemain matin, le blessé n'allait pas plus mal et, enveloppé de chaudes couvertures, il a pu suivre la colonne dans une voiture réquisitionnée à cet effet.

Le chef ennemi réclame une indemnité de six mille francs à M. Garreau. Comme on le pense bien, il lui fut impossible de donner satisfaction à une telle exigence. Alors, il fut décidé qu'on allait incendier le village. Dans ce but, tous les soldats se rassemblent sur la place publique, avec chacun une botte de paille ou un fagot de bois au bout de leur fusil. Néanmoins, il n'a pas été donné suite à ce projet ; et revenant à un système beaucoup plus pratique et plus productif, ils font ouvrir toutes les portes des écuries, étables, et font sortir chevaux, vaches, ânes, moutons, cochons, et les emmènent avec eux.

Après le départ des Prussiens, on voulut se rendre compte de ce qui s'était passé la nuit. Dans le jardin de la maison commune, la neige était teinte de sang, et sur la porte on voyait des empreintes de doigts ensanglantés. C'était donc là qu'avait eu lieu la lutte.

Après examen, il a été reconnu qu'il n'existait aucune trace venant du dehors, par derrière ; par devant, la maison était gardée ; aucun habitant du village n'y avait pénétré, et pour quel motif l'aurait-il fait ? D'ailleurs, il a été établi que le malheureux Péchinot n'était pas sorti de chez lui.

Il est probable que deux soldats allemands, ivres, se sont pris de querelle, en sont venus aux mains ; l'un d'eux fut blessé dans la lutte, et, pour éviter une punition, ils accusèrent le malheureux chez qui ils logeaient, d'être l'auteur de la blessure du Prussien.

Mensonge odieux qui coûta la vie à un innocent !

VITTEAUX.

C'est le 4 décembre 1870 que les Prussiens se montrèrent à Vitteaux. Négligeant ses intérêts personnels, le maire se rendit immédiatement à l'hôtel de ville afin de faire face aux difficultés de la situation. Les réquisitions se succédèrent sans interruption. Sur le soir, exaspéré d'une demande encore plus impérieuse que les autres, ce magistrat jeta la réquisition à terre. Aussitôt arrêté, il fut gardé à vue toute la nuit ; on lui tenait le pistolet sous la gorge, sans lui permettre le plus léger mouvement. Le lendemain, il dut suivre la colonne ennemie qui se dirigeait sur Dijon, et il ne recouvra la liberté que quelques jours après.

Le même jour, 4 décembre, et sous le plus futile prétexte, ils s'emparèrent de M. Millot, vétérinaire, le constituèrent prisonnier, et il dut, malgré ses 70 ans, suivre la colonne à pied et faire une étape de 60 kilomètres sur une route couverte de 20 centimètres de neige.

Ces deux arrestations arbitraires, puisqu'elles n'étaient motivées par aucun fait sérieux, avaient évidemment pour but, en terrorisant les populations, de paralyser la résistance.

Le 2 janvier 1871, au moment où des éclaireurs arrivaient par la route des Laumes et se dispersaient dans la ville, une petite troupe de francs-tireurs venant de Sombernon, entrait aussi à Vitteaux. Les volontaires poursuivent les éclaireurs dans les rues, leur envoient des coups de fusils, en blessent deux ou trois et en font un prisonnier. Celui-ci est amené à l'hôpital, où il est traité avec les égards dus à un ennemi blessé.

Quelques heures après, Vitteaux est envahi par deux régiments d'infanterie et plusieurs escadrons de cavalerie de l'armée ennemie. Le commandant est furieux ; il exige tout ce que renferme le pays en provisions de toute sorte et une contribution de 6,000 francs, sous peine de voir la ville pillée et incendiée. Heureusement cette colonne reçut l'ordre d'aller occuper Uncey. Elle y commit tous les dégâts possibles; et le chef ennemi poussa les vexations jusqu'à faire atteler le maire à sa voiture, sous prétexte qu'il n'y avait pas de chevaux à l'écurie.

CHAPITRE XIV

FLAVIGNY (24 *décembre*). — UNE PROPOSITION DE L'ENNEMI. — GRÉSIGNY (24 *décembre*). — M. L'ABBÉ RATTOT. — M. GRAPIN, INSTITUTEUR. — VERREY-SOUS-SALMAISE (16 *janvier* 1871). — ASSASSINAT DE L'ABBÉ FRÉROT, D'UN VIEILLARD ET D'UNE JEUNE FEMME.

Le 24 décembre 1870, à 9 heures du matin, dix éclaireurs signalés sur la route de Darcey à Flavigny s'arrêtèrent au bas de la ville, sur le pont de l'Ozerain. Là, deux cavaliers se détachèrent du groupe et s'avancèrent sur Flavigny. Quatre ou cinq gardes nationaux, sans ordre et à l'insu de l'autorité municipale, se portèrent au-devant de l'ennemi et démontèrent un cavalier qui fut amené en ville non blessé, mais un peu contusionné. L'autre éclaireur avait rejoint le groupe qui rebroussa chemin.

Le même jour, ces gardes nationaux et une douzaine d'autres se dirigèrent en avant du côté de Pouillenay, et, à une distance de 2,500 mètres, tirèrent plusieurs coups de feu sur des fantassins ennemis, sans leur faire aucun mal. Le soir, une colonne de mille hommes, munie de 4 pièces d'artillerie, entrait à Flavigny et imposait à la ville une contribution de guerre de 6,000 fr. Le conseil municipal, réuni, fut gardé à vue et constitué prisonnier jusqu'au moment du versement intégral de la somme exigée, lequel ne fut effectué qu'à 2 heures du matin.

Cette somme comptée, vérifiée et encaissée, le commandant allemand propose au Conseil de la lui laisser, à condition de lui signaler et de lui livrer en échange trois des gardes nationaux qui avaient tiré sur l'armée allemande, et dont l'un, pris par l'ennemi à la ferme d'Embussy, était parvenu à s'échapper de ses mains. Cette odieuse proposition fut repoussée avec indignation.

L'ennemi évacua Flavigny le lendemain, emmenant comme otages le maire, un conseiller municipal, le commandant et le capitaine de la garde nationale. A Chanceaux, ils furent remis en liberté. On revit encore les Prussiens à Flavigny, le 1er janvier, dans la nuit du 15 au 16 janvier et le 11 février 1871 ; mais leur passage n'amena aucun fait méritant d'être signalé.

GRÉSIGNY.

Comme à Flavigny, les Prussiens se montrèrent à Grésigny le 24 décembre. La population avait été prévenue par l'arrivée de quelques uhlans. A midi et demi, 800 hommes furent aperçus suivant la route de Baigneux aux Laumes. Ils n'entrèrent pas immédiatement dans le village ; ils firent une halte et attendirent quelques instants. Tout à coup, M. Grapin, instituteur, alla, comme d'habitude, sonner la classe. Il était encore dans l'église, lorsqu'il entendit un grand bruit au dehors produit par le trot d'un escadron de cavaliers. Il sortit à la hâte et ne tarda pas à se voir cerné par les Prussiens, puis emmené à l'endroit où ils avaient fait halte. Là, il fut accusé d'avoir appelé la population aux armes et menacé d'être fusillé.

Pendant ce temps, des soldats ennemis montaient au clocher, coupaient les cordes des cloches ; d'autres entraient au presbytère et forçaient M. l'abbé Rattot, un vieillard, de les suivre.

M. Sordoillet, maire de Grésigny, fut mandé par le chef de la colonne, qui le somma d'avoir à lui fournir sur-le-champ une forte quantité d'avoine, de pain et de viande, etc., et de faire conduire ces réquisitions à Pouillenay.

Les Allemands partirent presque aussitôt, se rendant à Pouillenay et emmenant avec eux M. le curé Rattot et M. Grapin. En butte aux mauvais traitements des soldats et ne pouvant plus les suivre, le pauvre octogénaire, M. Rattot, ôte ses chaussures et marche pieds nus dans la neige. On lui permet enfin de monter sur un chariot.

Le soir même, le maire de Grésigny obtint avec beaucoup de peine, à force de supplications et de prières, la liberté du curé et de l'instituteur, qui, sans motifs, sans raison avaient été arrêtés, brutalisés et emmenés prisonniers.

VERREY-SOUS-SALMAISE.

Le 16 janvier 1871, sept éclaireurs prussiens arrivaient à Verrey, venant de Thenissey.

A 400 mètres du village, deux d'entre eux s'arrêtent ; les

autres poursuivent leur route, entrent au pays et descendent dans la cour de la première maison qu'ils rencontrent.

A ce moment, des francs-tireurs, postés à la gare, tirent sur ces cinq éclaireurs, qui rebroussent chemin immédiatement et se hâtent de regagner Thenissey avec leurs deux autres camarades.

Après avoir fait un long détour à travers champs, cinq gardes nationaux qui s'étaient embusqués à une faible distance de la route, font feu sur les uhlans, tuent un cheval et blessent un homme très grièvement.

Le soir du même jour, 500 ennemis reviennent jusqu'au lieu de l'escarmouche, achèvent le cheval qui respire encore et retournent à Thenissey.

Pendant ce temps, 1,200 francs-tireurs arrivaient à Verrey et y couchaient la nuit du 16 au 17. Le matin, on vient annoncer à Cruchy, commandant des francs-tireurs, que les Prussiens s'avancent. Une compagnie de volontaires marche audevant de l'ennemi et le rencontre à la limite du territoire de Verrey, où l'action s'engage immédiatement.

L'ennemi recule un peu et franchit la voie ferrée, où il est masque par le talus. Les francs-tireurs gagnent alors la montagne, tout en tirant sur les Allemands qui se découvrent.

Un autre engagement avait lieu à la même heure sur la montagne de Salmaise, entre une autre compagnie de volontaires et un détachement prussien qui devait rejoindre, à Verrey, la colonne principale.

A 11 heures, l'engagement était terminé, et les francs-tireurs avaient gagné les bois, en laissant deux des leurs sur le champ de bataille.

C'est alors que le gros de la colonne ennemie débouchait à Verrey, par la ligne ferrée. Furieux de quelques coups qu'il a essuyés, l'ennemi va se livrer à des actes de vengeance épouvantables. Un vieillard de 71 ans, Pierre Brille, accoudé à sa fenêtre, tombe raide mort, atteint en pleine poitrine par la balle d'un uhlan ; plus loin, une balle prussienne frappe mortellement une pauvre jeune femme de 21 ans, Marie Perrot, qui allaitait son plus jeune enfant ; une autre femme qui se cachait, ainsi que deux hommes, sont également tués, un de ces derniers à coups de crosse de fusil. L'abbé Frérot, curé de Verrey, blessé dans son presbytère, sort pour se faire panser ; il est poursuivi, et il reçoit des coups de crosse de fusil sur la tête, de baïonnette dans les reins et meurt de ses blessures.

Ces assassinats n'avaient pas encore assouvi la fureur de nos féroces vainqueurs ; trois autres habitants étaient dangereusement blessés, deux aux jambes et un à l'épaule.

Après les exécutions, le pillage. Tous les objets utiles et peu encombrants étaient enlevés ; les autres brisés ou détériorés ; les pertes résultant de ce pillage ont été évaluées à près de 20,000 francs.

Enfin, après le pillage, l'incendie ; il fallait continuer l'œuvre

de destruction. Sept maisons, mobilier compris, ont été anéanties. Dix ménages se trouvaient de ce fait sans asile, sans ressources, et éprouvaient une perte de près de 100,000 fr.

Ces scènes de carnage et de dévastation, dignes des Huns,
auraient sans doute continué toute la journée si à 2 heures
l'ordre n'avait été donné à ces féroces Teutons de se porter
immédiatement sur Bligny-le-Sec, où un combat avait lieu entre
les francs-tireurs et un bataillon du 49ᵉ infanterie allemand.

Après avoir courageusement résisté, les francs-tireurs battent
en retraite, laissant un tué et cinq blessés sur le champ de bataille.

CHAPITRE XV

AFFAIRE DE CRÉPAND (8 *janvier* 1871).

Quelques jours après l'affaire de Châtillon (19 novembre), les Allemands occupèrent la partie nord de l'arrondissement de Semur.
Crépand, à cause de sa proximité de Montbard, devait être
exposé à de fréquentes visites de la part des Teutons; et, en
effet, ce petit village n'a malheureusement, de ce chef, guère à
envier aux localités qui ont été le plus souillées par les lourdes
bottes prussiennes.

Crépand est situé à 4 kilomètres S.-S.-O. de Montbard, dans
le fond d'une petite vallée ouverte au nord. Au nord-ouest se
trouve, à une distance d'environ 1,000 mètres, la forêt de Chaumour; au levant, entre Crépand, Montbard et Villiers, se trouve un
monticule suffisamment élevé pour que, de son point culminant,
on puisse facilement découvrir les environs sur un rayon d'au
moins 8 kilomètres.

C'est sur cette éminence, nommée la Lâche, que les Prussiens
avaient établi leur poste d'observation (le quartier général était
à Montbard). Tous les jours on pouvait voir, au sommet du
coteau, les silhouettes des sentinelles qui, semblables à des
oiseaux de proie, attendaient l'apparition, sous forme de francs-
tireurs, de nouvelles victimes à dévorer ; une batterie d'artillerie
y était en permanence.

Les soldats du poste étaient relevés quatre fois par jour, de
six heures en six heures; à chaque relevée, les Prussiens, au
lieu de se rendre immédiatement à Montbard, descendaient presque toujours à Crépand. Plus ils avaient souffert du froid pendant leur faction, plus ils se montraient durs et exigeants ; ils entraient dans les maisons et s'appropriaient tout ce qui, en fait
de nourriture, tombait sous leurs griffes de rapaces : lard, pain,
vin, *schnaps*, chandelles, etc., tout disparaissait dans les pro-

fondeurs de leur estomac ou de leur bissac. Dans ces circonstances qui se renouvelaient généralement plusieurs fois par jour,
fallait bien se garder de leur résister : les coups de poing et de
crosse de fusil mettaient les récalcitrants à la raison.

La situation dura ainsi jusqu'au 8 janvier, sans incident autre-
ment remarquable. Ce jour-là, comme d'ordinaire, les Allemands
étaient en faction sur la Lâche. Vers midi, on remarqua sur les
flancs de la montagne un mouvement inaccoutumé : des groupes
nombreux de soldats s'établissaient à mi-côte sur l'ancienne route
de Montbard à Semur. Les habitants de Crépand, qui les distin-
guaient parfaitement, s'attendirent dès lors à un événement
extraordinaire ; cependant rien ne leur faisait prévoir qu'un
combat dût avoir lieu dans les environs, car les troupes françaises n'avaient été signalées dans aucun des villages voisins ; les
ennemis, au contraire, savaient parfaitement à quoi s'en tenir;
leurs espions les avaient renseignés exactement sur les inten-
tions des troupes que commandait le général Ricciotti.

Vers deux heures de l'après-midi, on aperçut deux cavaliers
garibaldiens descendant la montagne en se dirigeant sur Crépand,
par le chemin de Viserny ; ils éclairaient la marche d'une colonne forte de 1,000 à 1,200 hommes, sous les ordres de Ricciotti,
chargé de reconnaître les positions occupées par le corps du général Zastrow, qui opérait afin de dissimuler la marche du général
Manteuffel contre Bourbaki, déjà aux prises avec Werder. Tandis
que ces éclaireurs descendaient jusqu'au bas du village, les Garibaldiens s'étaient divisés en trois compagnies : la 1re, descendant la Grand'Rue de Crépand, alla se poster derrière les murs
de clôture des jardins et des cours de la partie du village ; la 2e
se développa et s'embusqua dans les vergers et les anfractuosi-
tés de roches, s'étendant parallèlement à 100 mètres des maisons,
côté nord, tandis que la 3° restait en observation sur un petit
monticule appelé la Potelle, d'où on pouvait dominer le lieu qui
semblait devoir être le théâtre des événements qui se prépa-
raient.

Pendant que nos troupes prenaient position, les Prussiens se
décidaient à quitter l'expectative pour venir les attaquer; ils songèrent d'abord à s'établir dans un moulin situé sur la nouvelle
route de Semur, à 200 mètres du village et à 700 mètres environ
des positions qu'ils occupaient. Mais, pour descendre jusqu'à ce
moulin, il fallait franchir un espace à peu près découvert, et
s'exposer ainsi au feu des Garibaldiens qui attendaient impatiem-
ment le signal de commencer. Après quelques instants d'hésitation, les Allemands se décidèrent à descendre ; mais à peine leur
marche était-elle commencée, qu'un sergent-major français donna
le signal de l'attaque en renversant du premier coup de fusil
un soldat ennemi. Presque immédiatement après, une décharge
générale culbutait un nombre considérable de Prussiens et enve-
loppait le village dans un nuage de fumée. La marche de l'ennemi
ne put néanmoins être arrêtée, et bientôt, de toutes les ouvertures
du moulin, un feu roulant fut dirigé contre les francs-tireurs. La

À LA MÉMOIRE
DES VOLONTAIRES FRANÇAIS
MORTS POUR LA DÉFENSE
DE LA PATRIE
COMBAT DE CRÉPAND 18 JANVIER 1871

MONUMENT DE CRÉPAND.

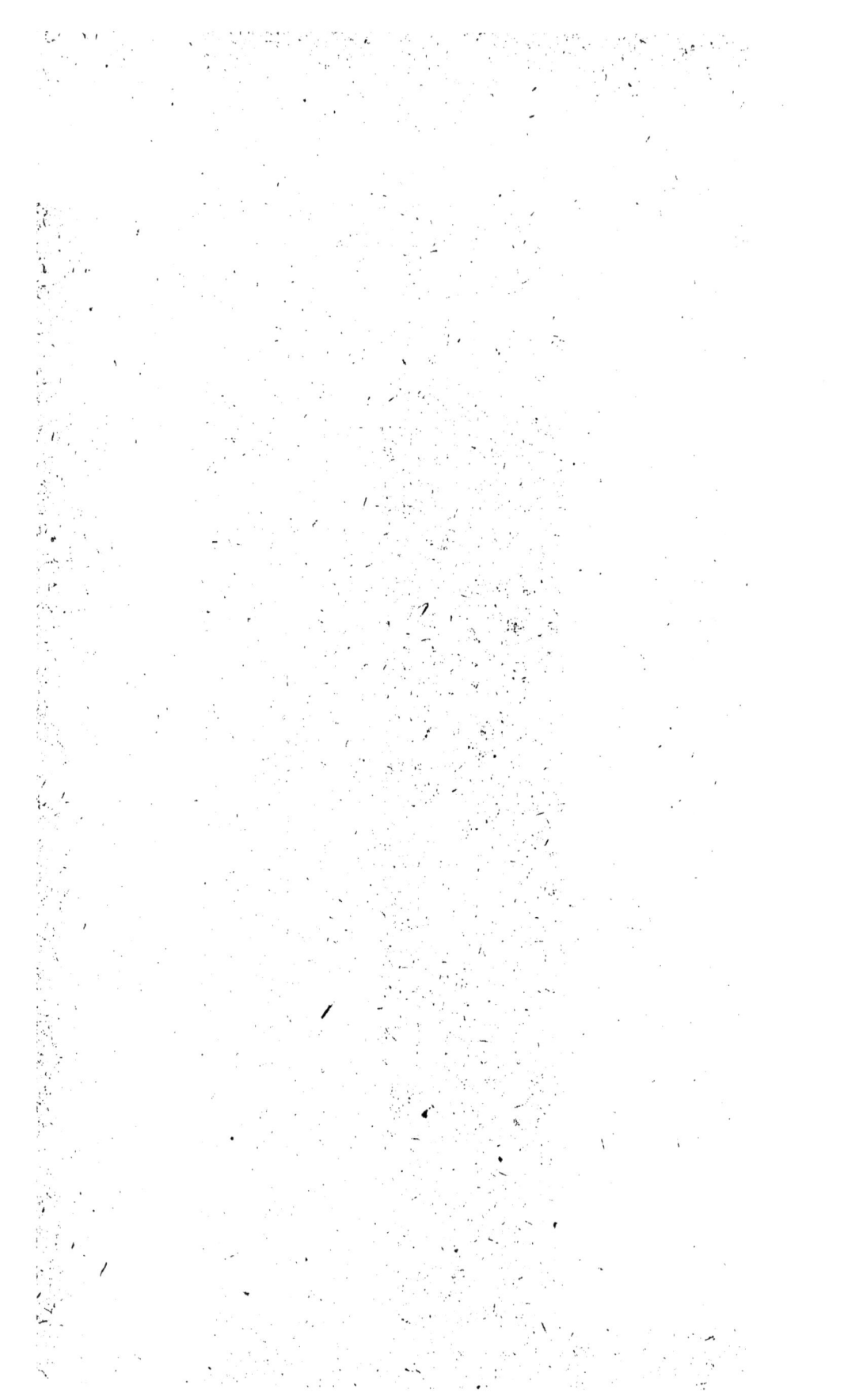

fusillade dura deux heures sans que la victoire se décidât à se fixer ; seuls les Prussiens, moins bien abrités que leurs adversaires, subissaient des pertes sensibles. Le colonel qui les dirigeait était resté en observation sur la montagne ; à un moment donné, Ricciotti donna ordre à quelques tireurs d'élite de diriger leur feu sur cet officier supérieur et son escorte , et au bout de quelques minutes le colonel prussien tombait de son cheval pour ne plus se relever.

A 4 heures , rien n'était encore décidé , lorsque le clairon de la compagnie des Garibaldiens, restée en observation , sonna tout à coup la retraite ; les braves francs-tireurs, qui ne pouvaient voir que les ennemis qu'ils avaient en face et qu'ils contenaient sans trop de peine , ne se décidèrent pas immédiatement à obéir au pressant appel qui leur était fait ; bientôt un feu nourri, partant des roches situées entre le village et la forêt de Chaumour, leur apprit un peu trop tard qu'ils étaient pris entre deux feux : en effet, une compagnie de Prussiens , sortie de Montbard, avait pénétré dans la forêt, et, la traversant, était venue prendre les Français à revers : telle était la cause du signal de la retraite.

Les Garibaldiens quittèrent alors leurs postes d'embuscade , et, débouchant dans la Grand'Rue de Crépand , se mirent à la remonter en se dirigeant à la hâte vers leur ligne de retraite, poursuivis par le feu des Prussiens qui , du moulin , avaient pu parvenir jusqu'aux premières maisons du village, grâce au secours qui leur était arrivé si à l'improviste.

Dans cette affaire, Ricciotti, qui commandait les corps-francs, eut trois hommes tués : Malviol, de l'Aveyron ; Ferry, des Vosges ; Fougeol, de Toulouse, et une vingtaine de blessés. Quant à l'ennemi, ses pertes ont dû être considérables, si l'on en juge par la rage et la colère avec lesquelles ils pénétrèrent dans les maisons, cherchant à y découvrir quelque franc-tireur qui n'aurait pu échapper à temps. Heureusement, les recherches furent vaines ; les quelques soldats français qui avaient été surpris avaient eu le temps de revêtir des costumes de paysans ; grâce à ce déguisement, ils purent, sans être inquiétés, traverser les troupes prussiennes et rejoindre leur colonne.

Les Allemands n'osèrent se lancer à la poursuite de Ricciotti, qui alla passer la nuit à Montfort, éloigné de Crépand de 3 kilomètres seulement. Ce ne fut que le lendemain qu'il quitta définitivement les environs de Montbard.

Les opérations militaires étaient terminées, mais les Prussiens avaient encore, selon leurs habitudes, un devoir à remplir, c'est-à-dire à se dédommager de leurs pertes sur les habitants de Crépand. Le soir et la nuit se passèrent dans une anxiété inexprimable ; comme l'ennemi s'était retiré sur Montbard, on s'attendait à chaque instant à le voir revenir au village avec l'autorisation de piller ; mais les Allemands ne font rien précipitamment ; ce n'est que dans la matinée qu'ils revinrent exécuter froidement ce qui, immédiatement après le combat, aurait peut-être pu obtenir quelques circonstances atténuantes : pendant deux longues heures, ils fouillèrent les maisons, volant ce qui leur convenait, brûlant, brisant ce qu'ils ne pouvaient emporter. Quelle quantité de liquides absorbèrent-ils pendant ces deux heures ? Question jusqu'alors insoluble.

Enfin l'heure de la délivrance sonna ; la troupe de barbares reprit, en hurlant, la route de Montbard, ivres pour la plupart, et tous chargés de leurs larcins.

A partir de cet événement, le village eut encore à supporter bon nombre de visites de la part de l'ennemi ; mais aucun incident remarquable n'est à signaler.

Les trois soldats français frappés par les balles ennemies furent inhumés au point culminant qu'occupaient, pendant le combat, leurs camarades de la colonne de réserve. Une souscription, ouverte sous le patronage de M. Hugot, député de Semur, donna à la municipalité de Crépand les subsides nécessaires pour élever en ce même lieu un monument destiné à honorer la mémoire des braves tombés au champ d'honneur et à rappeler aux générations futures les souffrances que les Allemands ont fait endurer à notre Patrie.

CHAPITRE XVI

CHAMPAGNY, RUINE ET INCENDIE DU VILLAGE

(16-17 janvier 1871).

C'est près de ce pauvre village de 120 habitants, situé au pied d'un coteau au sommet duquel passe la grande route de Paris, qu'eut lieu, le 30 novembre 1870, l'attaque des gardes nationaux de Bligny contre une colonne allemande, et le meurtre d'un habitant inoffensif de Poncey, Sirdey.

Les Prussiens avaient déjà fait leur apparition à Champagny le 29 novembre, pour y opérer une réquisition de bétail et de grains.

Le lendemain, lors de l'attaque de la colonne ennemie, un berger, interpellé sur le fait qui venait de se produire, répondit aux Prussiens : « Ce sont des habitants d'un petit village situé au bas de la côte, qui ont tiré sur vous. » Et en s'exprimant ainsi, il montrait Champagny et le désignait ainsi à la vengeance future de l'ennemi.

Le 16 janvier 1871, mille hommes du régiment des chasseurs de la Cour couchent à Champagny et en repartent le lendemain matin, sans que leur séjour donne lieu à aucune observation fâcheuse.

Ce même jour 17 janvier, douze soldats prussiens du 34e de ligne, conduisant un troupeau de 750 moutons, avaient reçu l'ordre de coucher à Poncey. Situé près de la source de l'Ignon, ce village ne peut être facilement aperçu de la grande route ; aussi les soldats dépassant l'embranchement et ne voulant pas retourner en arrière, descendirent à Champagny, et comme la nuit était déjà arrivée, ils prirent le parti de coucher dans cette commune. Ils étaient accompagnés d'un conducteur civil flamand qui, avec une voiture attelée de deux chevaux, transportaient leurs bagages.

Les moutons furent parqués dans un verger clos de murs, situé au milieu du village, et les soldats logèrent chez les habitants.

Avertis de ce qui se passait à Champagny, les francs-tireurs cantonnés à Saint-Seine, à 4 kilomètres de là, résolurent d'enlever les moutons et de faire les hommes prisonniers.

Douze volontaires se hâtent de tenter l'expédition et arrivent à Champagny vers 7 heures du soir. Ils se rendent d'abord au verger où était parqué le troupeau ; il n'était pas gardé et s'en emparent. Puis ils requièrent 4 hommes du village pour le conduire à Saint-Seine, ainsi que la voiture de bagages attelée de ses deux chevaux.

Tout cela se fit en un clin d'œil et sans que les Prussiens, qui étaient déjà couchés, eussent le moindre soupçon.

Deux Allemands logés chez Petitot et deux autres chez Brenot sont surpris et se rendent à la première sommation qui leur est faite.

Les autres, avertis de la surprise, se mettent en état de défense et se disposent à la résistance en barricadant les portes des maisons où ils étaient logés. La fusillade éclate, et après une lutte de quelques instants, les Prussiens prennent la fuite. L'un d'eux reçoit un coup de feu dans le flanc droit et tombe sur le coup. On le croit mort, mais il n'était qu'évanoui, et, quelques heures après, il put rejoindre ses camarades à Chanceaux.

A 9 heures du soir, le village est envahi par une centaine d'ennemis. Toutes les maisons sont fouillées, et les Prussiens, irrités de ce qu'ils considèrent comme un véritable guet-apens, emmenèrent de force et avec brutalité, sur la place publique, tous les hommes de la commune, même les malades et les infirmes, à moitié vêtus, grelottant du froid, de la fièvre et de la peur, car ce cri sinistre retentissait à leurs oreilles : « Capout, tous fusillés ! »

Cette triste caravane composée de 29 hommes, tout ce que le pays renfermait, se met en marche à 11 heures du soir, par une nuit épouvantable, avec un froid de plus de 15 degrés au-dessous de zéro, pour Chanceaux, où se trouvait la colonne prussienne.

Ce trajet de 8 kilomètres, sur une route couverte de verglas par une bise glaciale, fut pour quelques-uns de ces malheureux un véritable martyre. Pris à l'improviste, les uns avaient des sabots plats ; d'autres étaient nu-pieds dans de gros souliers en mauvais état ; un autre avait un soulier et un sabot ; enfin, Loreau, souffrant d'une chaussure trop étroite, fut obligé de

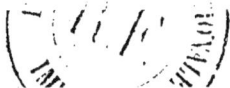

faire la route pieds nus. Un vieillard, affligé de varices, ne pouvait marcher qu'avec la plus grande difficulté ; il avait grand'-
peine à suivre la colonne : aussi le canon et la crosse du fusil
prussien venaient l'exciter et l'obliger à de nouveaux efforts. Une
femme qui n'avait pas voulu quitter son mari, une jeune fille
qui s'était attachée au cou de son père, furent emmenées de
force avec les autres captifs, et on ne leur rendit la liberté qu'à
Chanceaux, où le triste convoi arriva à 1 heure du matin.

Les prisonniers furent entassés dans la salle d'école, sans feu,
sans paille, sans nourriture.

A 9 heures du matin, ils sont confrontés avec le soldat prussien blessé qui respirait encore et qui faisait connaître ses impressions sur chacun des captifs à un major qui transmettait les
dires du blessé au colonel.

Accusés d'avoir prévenu les francs-tireurs et d'avoir été de
connivence avec eux dans la surprise et le coup de main de
Champagny, le commandant était sur le point de donner des
ordres pour l'exécution capitale des 29 captifs. L'heureuse intervention du maire de Chanceaux, M. Siméon, fit modifier cette
résolution. Ce magistrat plaida avec énergie en faveur de ses
concitoyens ; il démontra au colonel prussien qu'ils n'étaient
pour rien dans l'affaire de Champagny et obtint le retrait de la
terrible sentence de mort.

Dans l'après-midi, les prisonniers quittèrent Chanceaux, sous
bonne escorte, et furent dirigés sur Is-sur-Tille par la grande
route. Arrivés à la bifurcation, à l'endroit où l'on quitte Champagny de vue, le commandant fit ranger les 29 malheureux, qui
ignoraient qu'on leur avait fait grâce de la vie, sur un terre-plein
un peu élevé, commanda qu'on les mit en rang et leur annonça
que leur dernière heure était arrivée. Puis, le peloton d'exécution s'avança, et tous les mouvements qui précèdent la mort de
ceux qui vont être passés par les armes furent exécutés.

Raffinement de cruauté et de barbarie qui dénote que chez
l'Allemand tout est froidement calculé en vue de répandre la terreur dans le pays envahi.

Ce simulacre opéré, le commandant s'approcha des malheureux plus morts que vifs, leur fit une allocution et leur dit qu'il
tenait leur vie entre ses mains ; que les lois de la guerre lui
donnaient le choix d'en disposer à son gré, mais que, voulant
faire acte d'humanité, il leur laissait la vie sauve.

Un acteur de cet épouvantable drame raconte que le commandant termina son discours par ces paroles prononcées lentement,
cruellement, en articulant sur chaque mot : « *Reconnaissez
maintenant la faute que vous avez commise en vous alliant aux
francs-tireurs ; réfléchissez sur les suites fâcheuses et funestes
qui en résultent..... Tournez les yeux vers Champagny... Voyez...
si votre village ne brûle pas.... ?* »

En effet, une troupe de Teutons, partie le matin de Chanceaux,
avait reçu l'ordre de mettre tout à feu et à sac à Champagny.
L'œuvre de vandalisme fut vite accomplie : les soldats entraient

dans les maisons, s'emparaient des objets qui leur convenaient, faisaient sortir les bestiaux des écuries et incendiaient les maisons. Leur œuvre de destruction put s'accomplir d'autant plus facilement qu'il n'y avait pas un homme au village, et que les femmes et les enfants s'étaient réfugiés dans les bois.

Le commandant prussien avait donc bien préparé son coup de théâtre. Un cri d'angoisse inexprimable s'échappa de la poitrine des malheureux prisonniers ; leur village était en feu ; du point culminant où ils étaient placés, ils ne voyaient que trop bien les tourbillons de fumée noire qui s'élevait de leurs foyers dans les airs et qui leur annonçait un désastre complet.

Dépeindre la douleur de ces pauvres gens serait impossible ; les pères songeaient à leurs femmes, à leurs enfants, les jeunes gens à leurs vieilles mères, à leurs sœurs ; tous étaient frappés de stupeur en songeant qu'ils ne reverraient plus la maison où ils étaient nés, où ils avaient grandi, où ils espéraient mourir : ainsi s'envolait en fumée le fruit de tant d'années de travail ; ils étaient du coup réduits à la plus affreuse misère, et ils ne savaient rien du sort des êtres qui leur étaient le plus chers ici-bas.

Absorbés dans ces tristes et navrantes pensées, ils furent tout à coup distraits par la voix du chef de la colonne qui leur intima l'ordre de reprendre leur marche et de suivre l'armée. Ils furent sévèrement gardés à vue jusqu'à Diénay. Là, l'officier qui conduisait les prisonniers commença à rendre la liberté à quelques-uns ; à Is-sur-Tille, ce fut le tour de plusieurs autres ; à Foncegrive, les derniers purent s'acheminer aussi vers Champagny.

Le retour ne s'effectua pas sans danger, car, toujours cruels, les Allemands avaient congédié les prisonniers sans leur délivrer de laisser-passer. Aussi bien, les malheureux, menacés à chaque pas d'être arrêtés, se jetèrent à travers champs, et, par les sentiers de la montagne, finirent par arriver, après des souffrances inouïes, à leur malheureux village, qu'ils trouvèrent totalement dévasté, réduit en cendres.

Telle a été cette affaire de Champagny ; elle sera la honte éternelle de nos durs vainqueurs qui se sont vengés sur des innocents d'une surprise qui n'aurait pas eu lieu s'ils avaient su mieux se garder et se défendre.

18 maisons d'habitation avec les bâtiments d'exploitation, les écuries, les granges, furent complètement anéanties.

A la première nouvelle du désastre qui frappait leurs concitoyens, les habitants des communes voisines, notamment ceux de Saint-Seine et de Saint-Martin-du-Mont, s'empressèrent d'apporter à Champagny : linge, vêtement, literie, aliments, afin de parer aux premiers besoins.

D'autres secours arrivèrent plus tard : l'Etat donna 44,000 francs ; l'œuvre du Sou des Chaumières, 8,000 francs ; l'Evêché, 1,700 francs, pour aider les habitants à reconstruire leur village.

Un don de 6,000 francs fut aussi fait dans ce but par un riche

Américain. M. le Préfet d'alors fut chargé d'en opérer la répartition et se transporta à cet effet à Champagny.

La distribution était terminée, lorsque des personnes vinrent implorer un nouveau secours de la bienveillance du premier magistrat du département. Celui-ci, profondément touché de la grande misère de ces braves gens, tira son porte-monnaie de sa poche, et le vida complètement en disant : « *Mes amis, je vous donne tout ce que j'ai sur moi. Si, ce soir, l'on ne peut pas me faire crédit à l'hôtel, eh bien! je me passerai de dîner. Je suis heureux de pouvoir contribuer à adoucir votre malheureuse position ; je serais encore bien plus heureux, s'il était en mon pouvoir de vous donner davantage!* »

CHAPITRE XVII

DU 18 DÉCEMBRE 1870 AU 20 JANVIER 1871. — SITUATION DE DIJON. — COMBAT DE SAULIEU (3 *janvier*). — ASSASSINAT DE THÉVENOT, A BUSSY (14 *janvier*). — SAINT-SEINE, ASSASSINAT DE VERIÈRE (20 *janvier*).

Après la bataille de Nuits (18 décembre), les Allemands cantonnés à Dijon ne dorment plus. Ils passent la nuit du 21 décembre en armes dans les rues de la ville, car nos avant-postes sont à Fleurey, à Gevrey. à Ouges, à Neuily.

Le 22, des colonnes ennemies partent sur Saint-Seine et Sombernon. La poste allemande déménage. Le soir, on publie à son de trompe que l'autorité permet de vaquer dans les rues de la ville jusqu'à 10 heures.

Le dimanche 26, les Allemands ont fêté Noël toute la nuit. On célèbre la messe dans la salle des Pas-Perdus au Palais de justice. Il y a de nombreuses promotions pour remplir les vides faits à Nuits dans les cadres de l'armée, puis, comme complément. orgies dans les hôtels et restaurants ; on ne voit presque point de soldats dans les rues : tous se gorgent dans les cabarets.

Le 23, Werder et son état-major prennent la route de Gray. Les bagages suivent, ainsi que les ambulances volantes.

Le 27 est l'heureux jour de délivrance ; les Allemands évacuent Dijon. Les derniers bataillons disparaissent à midi, et il ne reste en ville que les ambulances avec 433 blessés.

A 10 heures, la poste est ouverte ; à 2 heures la garde nationale reprend son service.

Le maire, M. Dubois, un de ces généreux citoyens qui ont largement payé leur dette au pays dans ces jours de douloureuse épreuve, fait afficher la proclamation suivante, où il demande aux habitants de la ville d'avoir une conduite conforme aux principes du droit des gens .

« HABITANTS DE DIJON,

« L'armée allemande, en partant, laisse des blessés dans les ambulances. Les droits sacrés de l'humanité suffiront à les protéger.

« J'ai la confiance que vous comprenez tous comme moi la responsabilité morale qui pèserait sur nous , si nous avions à nous reprocher la moindre violation du droit des gens.

« Vous éviterez donc , mes chers concitoyens , tout ce qui pourrait paraître une menace pour les ambulances qui renferment des blessés allemands, et pour les médecins et infirmiers qui restent chargés de leur donner des soins.

« Dijon, 27 décembre 1870. »

Ce langage élevé, humain, est d'autant plus à louer , qu'avant d'écrire cette proclamation, M. Dubois, par une lettre au général de Werder, avait protesté contre l'enlèvement de 10 blessés français, convalescents, ayant pris part à la bataille de Dijon; et ce, au mépris de la capitulation de Dijon qui stipulait immunité complète pour les belligérants *réguliers* et *irréguliers*.

Dans cette conduite , on le voit, il y a une différence tout à l'honneur de la France.

Dans la soirée, la route de Beaune est couverte de promeneurs désireux de faire fête aux soldats français ; à 11 heures , les francs-tireurs de Colmar entrent en ville

Le lendemain matin , la population se réveille au son d'une douce et suave musique, au son du clairon français !

Des compagnies de francs-tireurs arrivent successivement; elles vont prendre quelque repos et ensuite occuper les avantpostes. La ville est en fête. A 4 heures, le général Cremer arrive. On attend de nombreuses troupes : c'est l'armée de l'Est qui va essayer de délivrer Belfort sous le commandement de Bourbaki.

Le jeudi 29 décembre , à 2 heures, le général Cremer passe 15,000 hommes en revue, au Parc. A son arrivée à Dijon, il était sans argent ; depuis deux jours , ses troupes n'avaient pas reçu de solde. Il fait appel à la municipalité, qui, par l'entremise des banquiers dijonnais, lui procure 120 mille francs remboursés que ques jours après.

« Le 30 décembre, les mobilisés de Saône-et-Loire arrivent à Dijon.

« Le dimanche 1er janvier se passe tristement. Ni visites , ni cadeaux, ni les joyeuses boutiques en plein air, ni les chansons insouciantes de la paix.

« Pourtant la France est debout ! Elle va tenter un suprême effort pour repousser l'étranger, et une lueur d'espoir blanchit l'horizon. Les régiments arrivent, puis ils repartent tambours et clairons en tête. On commence les travaux de défense à Talant et à Fontaine.

« A la nouvelle que les Allemands occupaient Précy, les gardes nationales des environs avaient été convoquées pour le 2 janvier, à Saulieu. M. Moreau, maire de la ville, fait battre le rappel à Saulieu, et il se trouve assez d'hommes de bonne volonté pour employer les 350 fusils que la mairie possède.

« A ces pères de famille se joignent les 80 hommes du commandant du génie Kauffmann, et 120 hommes de l'*Egalité de Marseille*, capitaine Gauthier.

« Environ 900 Allemands arrivent le 2 au soir à Montlay, à 2 kilomètres des tranchées, et y passent la nuit. Nos troupes campent dans le bois de Sainte-Isabelle, par un froid de 15 degrés.

« Le 3, au matin, les Allemands entrent dans le bois. Arrivés au milieu, ils trouvent une barricade de gros arbres et sont fusillés à bout portant, par un ennemi invisible. Ils tiennent bon pendant une heure, essayant de forcer le passage, puis ils se retirent sur Montlay, emportant leurs morts et leurs blessés.

« Dix gardes nationaux partent sur leurs traces. Entre Montlay et Précy, ils font feu sur 10 éclaireurs ennemis, puis ils arrivent à Précy que les Allemands venaient d'abandonner à la hâte et y font deux prisonniers.

« On ramasse sur le champ de bataille de Montlay 29 casques allemands et une cuirasse percée de 4 balles. »

Le 7 janvier, Garibaldi arrive à Dijon avec son état-major et quelques troupes. Il loge à la Préfecture. Il va visiter les points propices à la défense, et spécialement Talant et Fontaine, où, par ses ordres, on arrête les travaux commencés.

Le 12 janvier, un bataillon de 500 hommes, armé et équipé à Vienne (Isère), vient se mettre sous les ordres de Garibaldi. Il porte un beau nom : « *Les Enfants perdus de la montagne.* »

Le 14, les mobilisés de la Loire et de l'Isère arrivent à Dijon.

BUSSY-LE-GRAND.

« Ce même jour, une colonne allemande envahit Bussy-le-Grand. Un fermier nommé Thévenot est assassiné. Le maire Grapin, l'adjoint Renaud et 8 notables sont saisis et menés, les mains liées, dans les rues du village, avec menace d'être fusillés. Enfin, Bussy est pillé, et une contribution est en outre imposée aux habitants. » (CLÉMENT–JANIN.)

SAINT-SEINE.

Nous avons vu, dans un chapitre précédent, ce qui s'est passé à Champagny, à Verrey, à Bligny-le-Sec, les 16 et 17 janvier. Dans la soirée du 17, la colonne prussienne qui avait été aux prises avec les francs-tireurs sur le plateau de la montagne, arrive à Saint-Seine-l'Abbaye. Elle emmène avec elle comme guide le maire de Saint-Seine, dans la direction de Francheville.

Le 20 janvier, environ 60 francs-tireurs, campés au hameau de Bordes-Pillot, viennent passer la journée à Saint-Seine pour se procurer des vivres. A 2 heures du soir, on signale 5 éclaireurs prussiens à la croix de Bligny. Aussitôt les francs-tireurs se réunissent. Douze d'entre eux sont postés à l'angle de la maison Verrière, d'autres s'élancent à la rencontre des uhlans et tirent sur eux une douzaine de coups de feu, sans leur faire aucun mal, puis les francs-tireurs rejoignent leur cantonnement.

A 3 heures 1/2, une forte colonne ennemie arrive à Saint-Seine. Elle parcourt la commune en tous sens et par pelotons. La maison Verrière est particulièrement entourée.

A l'arrivée des Prussiens dans sa cour, *Jules Verrière* se trouvait dans sa cave où il était descendu pour cacher son fusil de chasse. En remontant, il est aussitôt entouré, cerné, arrêté ; sur les ordres du général commandant la colonne, il est conduit à 100 mètres du village au milieu d'un peloton d'exécution qui le fusille sans autre forme de procès. Il fut relevé par des habitants de la commune envoyés à cet effet par les Prussiens. Il n'avait reçu qu'une balle dans la poitrine et vécut encore quelques heures.

En apprenant cette infâme conduite du général prussien, un cri d'indignation et d'horreur souleva la population tout entière.

Un coup de feu ayant été tiré de la maison Maître sur les éclaireurs prussiens venus par la route de Lamargelle, le général prussien déclare qu'elle allait être incendiée. Ce qui fut fait immédiatement, et il fut défendu à la population d'approcher du théâtre de l'incendie.

Un éclaireur prussien dont le cheval s'était abattu devant la maison Maître, avait laissé tomber son revolver qui fut ramassé et caché par un habitant. Le général, ayant eu connaissance de ce fait, déclara que la maison brûlerait tant que le revolver ne lui serait pas remis. Cette arme lui ayant été remise, le commandant permit alors d'éteindre l'incendie. Il était bien temps. Au préalable, la maison avait été livrée au pillage, le mobilier dispersé et les meubles brisés !

Cette colonne infernale est partie le 21 pour Dijon, où elle allait prendre part à la grande bataille de 3 jours.

CHAPITRE XVIII

ÉPISODES DE L'INVASION ALLEMANDE DANS LES CANTONS D'IS-SUR-TILLE, SELONGEY, FONTAINE-FRANÇAISE. — DÉVOUEMENT D'UNE JEUNE FEMME, MARIE VARNEY, DE MONTSAUGEON. — FIÈRE ATTITUDE D'UNE JEUNE FILLE DE BOURBERAIN. — LA COMTESSE CHARBONNEL, A IS-SUR-TILLE. — ASSASSINAT DE CUISINIER, A THIL-CHATEL.

La guerre franco-allemande n'eut pas un grand retentissement dans ces cantons : point de bataille, aucun engagement, le sang n'a pas coulé.

D'une importance secondaire au point de vue de l'histoire générale, les évènements que nous allons raconter dans ce chapitre, n'en offrent pas moins un intérêt tout particulier.

Le 25 novembre, les premiers Allemands s'abattent sur Is-sur-Tille. C'était le 1er régiment badois, environ 3,000 hommes, colonel Sacho, de la brigade Keller. Ils exigent qu'on leur livre tous les fusils de munition appartenant à la commune et les fusils de chasse des particuliers. Aussitôt en possession des premiers, ils les brisent.

Dans la matinée du 28, réquisitions sans nombre : 500 paires de chaussures, 1,500 paires de bas, toutes les voitures disponibles, de l'avoine, du pain, du vin, des bestiaux, jusqu'à des clous et du fil ciré : le tout livré au complet, sous la menace de deux heures de pillage. La journée est terrible ; on s'exécute, mais la rage dans le cœur.

Le 15 décembre, une colonne ennemie, forte de 6,000 hommes, remontait le vallon de la Venelle. L'avant-garde est attaquée près du moulin du Foulon, par quelques gardes nationaux de Vernois, de Chalancey. L'un d'eux, atteint d'un coup de feu, essaie de gagner le bois ; mais ce fut en vain. Rejoint par les Prussiens, il est froidement percé de coups de baïonnette jusqu'à ce que son corps ne présente plus qu'une masse informe.

Quelques francs-tireurs, faits prisonniers, avaient été amenés à Selongey et enfermés dans le corps de garde de la gendarmerie, sous la surveillance d'un soldat prussien. L'un de ces francs-tireurs essaie de corrompre la sentinelle et lui offre une somme assez ronde pour qu'elle facilite son évasion. La sentinelle accepte la somme promise, la reçoit, et lorsque le trop crédule franc-tireur cherche à mettre son projet à exécution, il est fusillé à bout portant !

Voici un autre fait qui pourrait trouver place dans un livre de morale pratique :

Un vieillard de 71 ans, originaire de la Haute-Marne, ancien militaire, avait pris part aux exploits des francs-tireurs, qui, embusqués dans les bois de Montsaugeon, avaient fait une décharge sur les Prussiens ; un uhlan avait été tué et deux autres blessés.

Les francs-tireurs, jeunes, lestes et agiles, purent échapper à la poursuite de l'ennemi ; mais le pauvre vieillard fut fait prisonnier et emmené à Chazeuil ; c'était la mort sans phrases, car les Allemands étaient inflexibles lorsqu'il s'agissait d'un habitant pris les armes à la main.

Cependant, grâce à l'intervention de personnes aussi généreuses que courageuses, la sentence de mort ne fut pas exécutée sur-le-champ. Mais on n'épargne au malheureux prisonnier ni les menaces, ni les mauvais traitements. A entendre ses bourreaux, il devait être pendu à un arbre, le long de la route. La colonne se met en marche, emmène son prisonnier dans la direction de Mirebeau, avec cette perspective qu'il sera exécuté en route, lorsqu'à la suite de coups de plat de sabre, de crosse de fusil, on l'avait mis dans l'impossibilité de faire un pas de plus.

La nuit du départ, arrive à Chazeuil une femme, jeune encore, la fille du vieux franc-tireur, brisée, exténuée, qui vient réclamer son pauvre père. Mais, hélas ! il est parti ! Elle supplie les habitants de l'aider dans son entreprise. On s'arrête alors au parti de lui faire rédiger une supplique qu'elle portera au commandant de la colonne.

Aussitôt, elle continue sa route à pied, la nuit, par un temps épouvantable ; elle arrive à Lux au jour : les Allemands n'y sont déjà plus. Elle rassemblet les forces qui lui restent, continue sa route et arrive à Mirebeau, où elle trouve enfin son père, vivant encore. Elle obtient une audience du général, lui expose sa requête, prie, supplie, implore, et enfin tombe sans connaissance aux pieds du dur Teuton, qui finit par comprendre le sublime dévouement de cette noble femme et donne l'ordre de remettre le vieux brave en liberté.

A Bourberain, le 18 janvier, quatre éclaireurs prussiens, précédant une colonne de 5,000 hommes, débouchent de la forêt de Velours, sur la route de Lux à Bourberain. Ils traversent le village de Bourberain, et, à l'une des dernières maisons, un habitant, par sa fenêtre, tire un coup de feu sur les éclaireurs qui, sans perdre une minute, mettent le feu à la maison. L'incendie aurait fait les plus sérieux ravages dans le pays, si les habitants n'avaient déployé la plus grande activité pour l'éteindre, malgré les menaces de l'ennemi.

Non contents de ce premier incendie, les Prussiens mettent de nouveau le feu dans une écurie placée au centre de bâtiments de ferme très importants. La jeune fille de la maison, Mlle Lucie Jolivet, veut entrer dans l'écurie pour éteindre ce commencement d'incendie. Les Prussiens la repoussent, la brutalisent, elle entre malgré eux. Ils veulent la frapper. Alors, elle leur jette cette apostrophe en pleine figure : « *C'est donc aussi aux femmes que vous faites la guerre ? Frappez donc ; que rien ne vous retienne. Vous êtes des lâches !* » Cette noble et fière attitude fit reculer les Prussiens, et la jeune fille put accomplir son œuvre de préservation et éteindre ce nouveau foyer d'incendie.

A Is-sur-Tille, où nous ramène de nouveau le passage des troupes ennemies qui s'avançaient à marches forcées sur l'armée de l'Est, la ville est livrée au pillage les 18, 19 et 21 janvier. La journée du 21, surtout, fut un jour d'angoisses pour les habitants.

Une certaine cantinière exaspéra la population par son air arrogant, ses manières soldatesques et par les déprédations qu'elle commit. Entrant dans les maisons avec un aplomb insolent, une effronterie sans pareille, elle faisait main basse sur tout ce qui était à sa convenance, et chargeait son butin sur les *fameuses voitures.* Elle opéra ainsi chez un grand nombre d'habitanrs.

Pour se divertir, les pillards, la cantinière en tête, firent irruption à l'hôtel de ville. Après avoir enfoncé la porte à coups de crosse de fusil, ils se répandirent au secrétariat où étaient renfermées les archives, et dans les greniers. Là se trouvaient une armoire remplie de livres et de titres précieux, et aussi une certaine quantité de fourniments de gardes nationaux. Tout fut pillé, emporté pêle-mêle sur la place et détruit. Les bandits s'oublièrent jusqu'à mettre la main sur des drapeaux, sur des écharpes, sur un cachet de mairie et sur le papier timbré formant les registres de l'état civil pour 1871 !

Une partie des blessés prussiens aux affaires des 21, 22 et 23 janvier, sous Dijon, fut dirigée sur Is-sur-Tille, où trois ambulances furent établies : l'une au château pour les officiers, une autre chez M. Nicolas de Marcilly, et la troisième à la salle d'asile. On put installer dans ces ambulances 250 blessés qui reçurent des soins empressés. Malgré cela, et malgré l'armistice même, les Allemands se montrèrent d'une dureté révoltante. Chez eux, tout était prémédité, le pillage, la violence ; jusqu'aux moindres vexations, tout était mathématique. Les officiers, surtout, excellaient dans cette conduite et en usaient avec raffinement.

Deux exemples entre mille.

Un jour, pendant l'armistice, alors qu'un bataillon du 60me était cantonné à Is-sur-Tille, les officiers logés au château voulurent faire une gracieuseté au colonel Von Kensebeek, hôte forcé de Madame la comtesse Charbonnel. Ils prièrent cette dame de faire un bouquet. La maîtresse de céans dut, bien à contre-cœur, mutiler les quelques plantes de la serre et composer le bouquet imposé. Alors ces officiers invitèrent la noble châtelaine à le présenter elle-même au colonel. La veuve du général comte Charbonnel, indignée, refusa et jeta le bouquet à terre. Mais, effrayée par les menaces de ces insolents, elle dut obéir, la mort dans l'âme.

Quelques jours auparavant, un octogénaire, M. Guiboud, ancien colonel de l'armée française, ami de Madame Charbonnel, s'était vu conduire au poste par deux soldats prussiens parce que, en voyant la brutalité de ces hommes qui avaient frappé de coups de plat de sabre un des délégués de la commune (M. Girodet, aujourd'hui maire), il n'avait pu contenir son indignation ; il avait qualifié leur conduite en termes un peu vifs qui ne furent pas du goût de l'officier de service.

Prévenue du fait, Madame Charbonnel accourt au corps de garde, prie, supplie l'officier de vouloir bien rendre la liberté au prisonnier. Prières inutiles. Elle épuise tous les moyens , fait appel aux sentiments d'humanité de l'officier, rien! L'ambulance établie au château, les soins donnés aux blessés, le titre du prisonnier, la qualité de la solliciteuse, veuve d'un général et d'un comte, toutes ces considérations échouèrent devant le calme outrageant de la brute.

Madame Charbonnel retourne au château, profondément humiliée mais non découragée, raconte son insuccès à un capitaine blessé, le suppliant d'intervenir. Le capitaine voulut bien enfin répondre pour « le coupable » qui fut mis en liberté.

A Thil-Châtel, où les Allemands s'étaient déjà signalés par leurs déprédations et leurs violences, nous les voyons, après leur défaite à Prauthoy, dans la Haute-Marne, arriver de nouveau dans la commune la menace à la bouche et la rage dans le cœur; ils veulent mettre Thil-Châtel à sac. Ils supposent que les Garibaldiens vont venir les y attaquer : les murs formant l'enceinte du village sont mutilés, crénelés partout. Dans les maisons où les Allemands sont logés, ils mettent tout au pillage. Chez Madame veuve Cuisinier, l'orgie est à son comble : elle se plaint ; ils la brutalisent ; son fils accourt et veut la défendre ; les barbares tombent sur ce malheureux jeune homme, lui broient la tête à coups de crosse de fusils, et alors, lorsqu'ils le croient mort, ils portent son cadavre à la mairie ; l'infortuné Cuisinier expire le lendemain.

Dans leur retraite de Prauthoy sur Thil-Châtel, les Prussiens avaient enlevé, en traversant Sacquenay, la voiture de M. Angelot, marchand boucher dans cette commune. Il suit son attelage, à pied. A l'entrée de Thil-Châtel, il est arrêté par les soldats du poste avancé, conduit à la mairie, lié, garrotté et attaché debout à l'une des colonnes de l'école des filles ; il reste huit heures dans cette situation ; l'instituteur M. Sampré, est cependant autorisé, à force d'instances, à lui donner à manger comme on donne à manger à un enfant, et obtint encore un léger adoucissement : les bras du patient seront attachés sur la poitrine et non sur le dos. Apres 15 heures de ce martyre, Angelot est remis en liberté, parce que la troupe part précipitamment.

CHAPITRE XIX

PRÉLIMINAIRES DE LA BATAILLE DE DIJON.

Le gouvernement de la Défense nationale avait l'idée fixe de l'importance de Dijon, qu'il considérait comme l'objectif principal du mouvement de l'armée allemande vers l'Est : aussi Garibaldi reçut-il l'ordre de fortifier et de défendre cette ville avec énergie.

Les travaux de fortifications, commencés au mois d'octobre, avaient été repris ; on avait tracé, dans les derniers jours de décembre, quelques retranchements sur les points où le combat du 30 octobre avait eu le caractère le plus sérieux, et leur exécution avait eu lieu immédiatement.

Du côté de Fontaine et de Ta'ant, ces travaux étaient des épaulements destinés à garantir l'artillerie, ou des brèches pratiquées dans les murailles pour faire des embrasures.

L'effectif de l'armée des Vosges, qui était de 12,000 hommes au commencement de janvier, augmenta dans la première quinzaine de ce mois ; l'adjonction des mobilisés en porta la force totale à 32,000 hommes.

Les 20,000 mobilisés du Jura, de Saône-et-Loire et de l'Isère étaient des conscrits qui n'avaient ni capote, ni effets de campement ; les mobilisés de Saône-et-Loire étaient chaussés de sabots, et, sauf 1,200 de ces derniers armés de remingtons sans baïonnettes, ils avaient, pour toute arme, le simple fusil à piston ; ils remplaçaient les défectuosités de leurs habits et de leurs armes par le dévouement, l'esprit de sacrifice et le patriotisme. Cette portion de l'armée devait être laissée à Dijon ; il eût été, en effet, de la dernière imprudence d'envoyer hors de la ville des bataillons novices : c'eût été les exposer à une débandade et à une destruction inévitable.

Restait l'armée des Vosges proprement dite, composée de 12,000 hommes, presque tous fantassins. Ces troupes, réunies à la hâte, étaient mal exercées, mal équipées, armées de fusils des calibres les plus divers, et de plus fractionnées en compagnies de 80 à 100 hommes ou au plus en petits bataillons. L'armée était répartie en 4 brigades commandées, la 1re par Bossack-Hauké ; la 2e par Menotti ; la 3e par Lobbia, et la dernière par Ricciotti.

En un mot, braves, mais désagrégées, dépourvues de cohésion, d'unité et de centralisation, ces troupes étaient difficiles à manier, et il était impossible d'exécuter avec elles un mouvement stratégique demandant de l'ensemble , de la précision et de la rapidité. De plus, la cavalerie et l'artillerie n'étaient pas en proportion nécessaire et habituelle ; mais c'était néanmoins une force dont les Allemands devaient tenir compte

dans leurs mouvements contre l'armée de l'Est. Ce mouvement
continuait ; il arrivait tous les jours des renseignements qui
ne pouvaient laisser aucun doute ; des forces ennemies impor-
tantes traversaient le massif des collines entre les bassins de la
Seine et du Rhône, par les défilés de la Coquille, de l'Ource, de
la Tille et de l'Ignon. Ces forces ennemies arrivaient en Côte-
d'Or vers le 11 janvier ; elles étaient commandées par Manteuffel et comprenaient quatre divisions d'infanterie, deux divisions
de cavalerie et plus de 150 bouches à feu : au total, 53,000
hommes.

Une division d'infanterie, 1,200 cavaliers et 6 batteries d'artil-
lerie, fut détachée avec mission d'opérer dans les cantons de
Flavigny, Vitteaux, Saint-Seine, et de tenter une attaque sur
Dijon quand l'occasion semblerait favorable

Tout le gros des troupes fila par Chanceaux, Lamargelle, Is-
sur-Tille, la forêt de Velours, Gray, c'est-à-dire à la distance
moyenne de 25 ou 30 kilomètres nord de Dijon.

C'est pendant cette marche qu'eurent lieu les événements de
Verrey, de Champagny et de Saint-Seine, que nous avons ra-
contés dans les chapitres précédents.

CHAPITRE XX

JOURNÉE DU 24 JANVIER. — BOSSACK-HAUKÉ. — L'AMBULANCE
D'HAUTEVILLE. — ASSASSINAT DES INFIRMIERS.

Voyant que le commandant en chef de l'armée des Vosges ne
commettait pas l'imprudence de quitter Dijon, la colonne d'observation commandée par le général Kettler, qui avait reçu le veille
l'ordre d'occuper cette ville, afin de faire sa jonction avec le
2ᵉ corps qui doit s'avancer jusqu'à Dôle, se met en marche contre Garibaldi.

Les Allemands s'avancent sur trois colonnes : la première par
Pasques et Neuvon, sur Plombières, la seconde par la route de
Paris à Dijon, et la troisième par Val-Suzon, sur Messigny.

Une compagnie de francs-tireurs de grand'garde à la ferme de
la Casquette, près de la lisière du bois de Val-Suzon et de Francheville, touchant à la route de Saint-Seine, fut attaquée par
l'avant garde du 2ᵉ corps, très supérieure en nombre.

Les Français profitèrent des bois et de la gorge profonde du
Suzon pour se retirer en bon ordre et faire subir à l'ennemi des
pertes sensibles ; cette compagnie appartenait à la première
brigade des Vosges commandée par le général Bossack-Hauké,
dont le quartier général était à Fontaine. M. Bossack devait quitter

son commandement et passait le matin à Hauteville l'inspec-
tion du détachement cantonné dans ce village. En rentrant à
Fontaine, il apprend l'engagement de la Casquette ; il prescrit
les mesures défensives qu'il jugeait nécessaires, et télégraphie
l'avis suivant à Garibaldi : « *On prétend entendre le canon au
delà du Val-Suzon, je vais m'en assurer moi-même* ».

Il rallie les détachements de Daix, Changey, Prenois et même
Darois ; il avait deux canons et une mitrailleuse. Arrivé sur le
plateau du Chêne, à deux kilomètres de Darois, entre des bois
assez rapprochés, il trouve quelques compagnies de mobiles de
l'Aveyron, qui faisaient bonne contenance ; il demande des
volontaires, les forme en ligne, et s'avance contre les tirailleurs
allemands, après avoir recommandé aux siens de ne tirer qu'à
bonne portée. Il s'élance en avant, suivi de quelques officiers.
Cerné par les Allemands cachés sous bois, il est atteint mortellement, après avoir tué deux ennemis. Son chef d'état-major
tombe aussi, couvert de blessures.

Les troupes de l'infortuné Bossack ripostent tout en effectuant
leur retraite, fort difficile, sur le plateau découvert d'Hauteville.
Les mobiles de l'Aveyron perdirent environ 40 hommes dans ce
premier engagement.

Nous empruntons la suite du récit de ces trois journées à
l'ouvrage de M. Clément-Janin, *Journal de la guerre en* 1870-71
à Dijon ·

« Les Allemands arrivent sans obstacle jusqu'à Changey. Ils
occupent les plateaux de Chaumont et de Saint-Laurent à une
heure. Daix est envahi par le 21ᵉ régiment, alors que les habitant rentraient en toute hâte de leurs travaux. Un massacre
odieux commence aussitôt. Bouhin, vieillard de 70 ans, et Gevrey
sont tués dans la rue ; un autre vieillard, Bertillon, entr'ouvrant
sa porte, a la jambe brisée par une balle.

« Il était encore étendu tout sanglant sur le pavé de sa maison, quand les Allemands y font irruption. Ils y trouvent un
mobile alité que Mᵐᵉ Bertillon soignait avec une admirable
sollicitude. Elle leur dit que c'est son fils ; mais ils découvrent
le pantalon du mobile et assomment à coups de crosse de fusil la
malheureuse sexagénaire.

« Presque au même instant, en pillant la maison d'une vieille
fille de 77 ans, Mˡˡᵉ Jeanne Jacotot, ils trouvent un vieux pistolet au fond d'un tiroir; la pauvre fille est frappée à coups de
crosse et meurt quelques jours après.

« A deux heures, les batteries de Talant et de Fontaine ouvrent
le feu ; les Allemands y répondent : bientôt la fusillade éclate de
Talant à Fontaine.

« Cependant, les Allemands, protégés par le feu de leur artillerie, descendent du plateau de Chaumont et, du côté de Fontaine, s'avancent jusque sur la friche d'Arran. A 3 heures 1⁄2, le
feu de nos batteries cesse. Les lignes sont si rapprochées que les
projectiles peuvent atteindre amis et ennemis. Seules deux
pièces de 12, placées au bas de Talant devant la maison Briquet,

lancent encore quelques obus sur Changey, où sont massées les réserves allemandes.

« Garibaldi, à cheval sur la place de l'église à Talant, observe le champ de bataille. A 3 heures et demie, il donne l'ordre de refouler l'ennemi sur ses positions.

« Le colonel Canzio s'élance à la tête de sa brigade qui met la baïonnette en avant et marche sur Chaumont avec une partie de la 3ᵉ brigade, commandant Perla. Une lutte acharnée s'engage. La compagnie Patatrac est cernée par l'ennemi ; un soldat déchire le drapeau, le cache sous ses vêtements et le sauve. La compagnie est dégagée peu après. On lutte à la baïonnette. Là tombent les colonels Ravelli et Perla, le major Pastori, le capitaine Orense, le lieutenant Cecchini. Un jeune Dijonnais, M. Geoffroy fils, a le bras meurtri par une balle. De leur côté, les Allemands perdent le major Priebsch, le capitaine de Prich, les lieutenants Engler, Bœhmer, Aschmann, Riedel. Les légions italiennes décimées, mais pleines d'énergie, culbutent les Allemands sur Chaumont et les forcent à battre en retraite.

« Le colonel Lhoste, chargé d'observer la route de Plombières, écrivait un ordre lorsqu'il reçut une balle entre les deux épaules.

« — Giraud, dit-il à son lieutenant, je suis touché. Embrasse-moi et dis à mes hommes de faire bien leur devoir.

« Du côté de Fontaine, l'action est des plus chaudes. Avec les volontaires de la première brigade, plusieurs Dijonnais, parmi lesquels MM. Pinet et Marguery, du chemin de fer, M. Ferrand, avocat, font résolument le coup de feu. Nos lignes avaient plié jusque sur la friche d'Arran ; elles maintenaient difficilement leurs positions. A 4 heures et demie, les mobilisés de l'Isère arrivent sur le champ de bataille et se déploient en tirailleurs dans les vignes. L'élan est donné ; la fusillade devient intense ; l'ennemi plie à son tour, et à 4 heures il est rejeté sur Daix, laissant sur le champ de bataille les lieutenants de Prebentow, de Woldeck et Vilke, du 21ᵉ poméraniens.

« A 4 heures 1/2, les batteries de Talant et de Fontaine recommencent le feu avec une nouvelle énergie sur les Allemands en retraite derrière Changey ; elles ne cessent leur tir qu'à 5 heures, à la nuit tombante.

« A Messigny et à Asnières, les Allemands ne sont pas plus heureux.

« Dès 8 heures du matin, leurs éclaireurs exploraient les environs. Le facteur rural Antoine (Philibert), frappé de deux coups de sabre sur la tête par les uhlans, est emmené à Messigny, où il est pansé, puis envoyé à Breslaw.

« Peu après, *les Enfants de la montagne* de Vienne (Isère) arrivant à Messigny, et le fourrier Arribaut y fait prisonnier le lieutenant Charles de Werder dit Langen. Deux bataillons du 49 et du 64ᵉ les attaquent dans la Combe-aux-Nains, en avant du cimetière, Malgré leur vigoureuse défense, *les Enfants perdus* allaient être cernés dans le cimetière, quand, à midi, Ricciotti arrive avec le reste de sa brigade.

« Les Allemands, qui occupaient déjà une partie du village, sont délogés. L'action reprend une nouvelle énergie, et après avoir vainement tenté de tourner Messigny, l'ennemi se retire, laissant les champs autour du cimetière jonchés de morts. Une seule compagnie du 61e avait perdu 42 hommes.

« Nos pertes sont de 20 tués et blessés.

« Pendant que Ricciotti défend énergiquement Messigny, le capitaine Laberge, des *Chasseurs républicains de la Loire*, repousse l'attaque sur Asnières.

« Il avait sous ses ordres 170 hommes de la *la Croix de Nice*, des francs-tireurs de Toulouse et des *Chasseurs républicains*, plus 150 mobilisés du Jura, en tout 320.

« 30 hommes de *la Croix de Nice*, formant la gauche, se laissent fusiller à bout portant par les Allemands qui venaient à eux la crosse en l'air. Quinze hommes tombent, les autres fuient et jettent un certain désordre dans la gauche. Mais le capitaine Erzybowki, de Toulouse, reforme la ligne et, avec une grande intrépidité, reprend l'offensive.

« Bientôt un nouveau renfort arrive aux Allemands ; nos tirailleurs sont obligés de se replier dans Asnières. C'est alors qu'une nouvelle compagnie des mobilisés du Jura, cachés dans le bois Saint-Germain, prend l'ennemi en flanc et détermine sa retraite.

« A trois heures 1⁞2 Ricciotti donne l'ordre de rallier la brigade qui se porte sous Talant, emmenant 40 prisonniers. Les Allemands avaient en outre perdu le capitaine Bandach, les lieutenants de Schewrin, Rasche et Janke.

« L'artillerie joua un grand rôle dans cette journée. Il y avait 14 pièces à Fontaine, derrière la chapelle Saint-Bernard et dans le clos des Feuillants ; à Talant, 2 pièces de 12 devant la maison Briquet : 4 artilleurs y furent tués, et 2 batteries sur la place de l'église.

« Denis Valtin, de Paris, se faisait remarquer par l'habileté de son pointage. Il démonta plusieurs pièces aux Allemands, et fut blessé d'un éclat d'obus à la jambe.

« Garibaldi, qui était près du jeune artilleur, le félicita à plusieurs reprises.

« Les Dijonnais ne faillirent point à leur devoir d'humanité : toutes les voitures disponibles ramenaient des blessés aux ambulances. Une femme, Mme Robin, allait les ramasser sous le feu ; M. Geoffroy, juge, qui n'avait pas voulu quitter son fils, ramassait également les blessés sous les balles ennemies.

« Les premières voitures de blessés entrent en ville à 5 heures et y causent une émotion indicible.

« Cependant, la retraite des Allemands sous Talant n'est que simulée. Au fur et à mesure que nos troupes se retirent, ils reviennent sur leurs pas.

« Les brigades Canzio et Menotti gardent Talant ; Fontaine

est occupé par la brigade Bossack; Hauteville par les 1er et 2e bataillons de la 3e légion de Saône-et-Loire; Ahuy par le 3e.

« Pendant la nuit, les Allemands poussent des reconnaissances hardies jusqu'aux premières maisons de Dijon. Les maisons du bas de Talant sont pillées par eux ; un franc-tireur est égorgé dans la maison Tavanny. Briquet père et fils, et Gentil, jeune homme de 16 ans, saisis dans leurs demeures, sont envoyés en Allemagne.

« Dans la soirée, MM. Jacquinot et Geoffroy retournent à Talant chercher des blessés. M. Geoffroy fils les accompagne, bien qu'il portât le pantalon rouge des dragons. A la Fillotte, ils sont arrêtés. Les Allemands avaient transformé la maison Fouard en ambulance.

« La position était critique. Découvert, M. Geoffroy fils était prisonnier, peut-être fusillé. Son père négocie près de l'officier allemand, qui, enfin, gardant M. Jacquinot comme otage, renvoie le père et le fils à Dijon, avec mission de dire au maire « que Talant étant au pouvoir des Aellmands, il ait à faire évacuer la ville par les troupes, pour éviter un bombardement ».

« M. Geoffroy accomplit sa mission et revient ensuite se constituer prisonnier.

« Mais les Allemands n'étaient plus à la Fillotte.

« Pour évacuer ses blessés, l'ennemi réquisitionne des voitures dans les villages voisins. Il établit des ambulances au Val-Suzon, à Changeay, à Is-sur-Tille, à Savigny, à Messigny.

« A 7 heures du soir, M. Bouhin, jardinier, de Changeay, est pris par cinq cavaliers allemands, et sommé de les guider à Hauteville.

« C'étaient des officiers qui allaient reconnaître la position.

« Aux coups de feu des avant-postes, ils tournent bride, laissent leur guide exposé aux balles. Bouhin parvient à se faire reconnaitre et couche à Hauteville.

« Près de Darois, les Allemands fusillent une douzaine de mobiles prisonniers.

« Les 1er et 2e bataillons de la 3e légion des mobilisés de Saône-et-Loire occupent Hauteville. Une première alerte a lieu vers 9 heures du soir. C'était la reconnaissance guidée par M. Bouhin. Un mobilisé est blessé à la joue et amené à l'ambulance de la légion, qui venait de s'installer dans la maison de M. Calais.

« Une reconnaissance d'infanterie est encore repoussée à 10 heures.

« A minuit moins un quart, Hauteville est attaqué par trois points différents. Les avant-postes du 1er bataillon de Saône-et-Loire se replient. Le commandant Braconnier veut rallier ses hommes ; mais le bataillon est sourd à sa voix et, pris d'une panique, il abandonne le village avec le 2e bataillon, en tiraillant dans l'obscurité.

« Le commandant Braconnier, mortellement blessé, est porté par les Allemands chez M. Louis Poinsard. Là, ils lui volent sa montre, son porte-monnaie, son képi et son épée, puis ils l'injurient et le maltraitent.

« Cependant, l'ennemi s'est répandu dans Hauteville, dont il prend possession en tirant des coups de feu aux fenêtres des maisons. Une jeune fille, Mlle Eugénie Picamelot, s'était réfugiée dans la maison Calais, sur laquelle flottaient les drapeaux de l'ambulance de Saône-et-Loire. Elle causait debout au milieu de la chambre avec le domestique, quand elle tombe en poussant un cri. Une balle, entrée sous le sein droit, lui avait traversé la poitrine.

« Le personnel de l'ambulance accourt ; la jeune fille est relevée et portée sur un lit. M. Antoine Morin, chirurgien-major, opérait le premier pansement, quand soudain l'ambulance est envahie par des soldats allemands qui avaient enfoncé la porte.

« Aussitôt, M. Alacoque, un infirmier, se précipite au-devant d'eux, tenant déployé le drapeau de la Convention de Genève ; chirurgiens et officiers crient : « Ambulance ! ambulance ! » Les soldats allemands répondent : « Ambulance ! francs-tireurs ! charognes ! capout ! » et le massacre commence.

« M. Alacoque tombe le premier. Le docteur Morin interpelle en allemand les assassins ; on lui répond à coups de crosse de fusil, à coups de baïonnette, et comme ils continuaient ces protestations, un coup de feu en pleine poitrine l'étend mort. Il roule au fond de la chambre contre l'horloge, sur laquelle sa tête reste appuyée

« En même temps , MM. Dhérey, pharmacien, de Champvigy, Legros et Morin , infirmiers, tombent grièvement blessés ; M. Berland se cache derrière le lit de l'alcôve et échappe aux Allemands. M. le docteur Milliat , déjà blessé dans la chambre , est entraîné dehors et achevé à dix metres à gauche de la porte d'entrée. Le mobilisé blessé, et un vaguemestre qui se trouvait à l'ambulance par hasard , sont aussi poussés dehors, et ils ne reparaissent plus. Un officier allemand préside à cette boucherie. Le meurtre des hommes de cette ambulance est un véritable et sauvage assassinat.

« Le pillage succède au massacre. Les morts , les blessés sont dépouillés de leurs montres , de leur argent, puis les assassins mangent et boivent dans cette chambre souillée de sang, en insultant leurs victimes.

« Tous les blessés ont compris que le moindre mouvement de leur part serait un signal de mort. Ils restent immobiles ; trois fois dans la nuit les Allemands reviennent pour s'assurer s'ils ont cessé de vivre ; ils vont jusqu'à les tirer par les pieds.

« Cependant, profitant d'un moment propice, MM. de Champvigy , Legros et Morin ont pu s'échapper ; M. Berland a quitté l'alcôve et s'est réfugié dans une cave. Comme les soldats allemands avaient jeté le cadavre du docteur Morin et s'approchaient de M. Fleury pour le jeter également dans la rue , celui-ci se lève. Saisi aussitôt, il est traîné dehors et mis en face d'un peloton d'une quinzaine d'hommes. Deux coups de feu partent ;

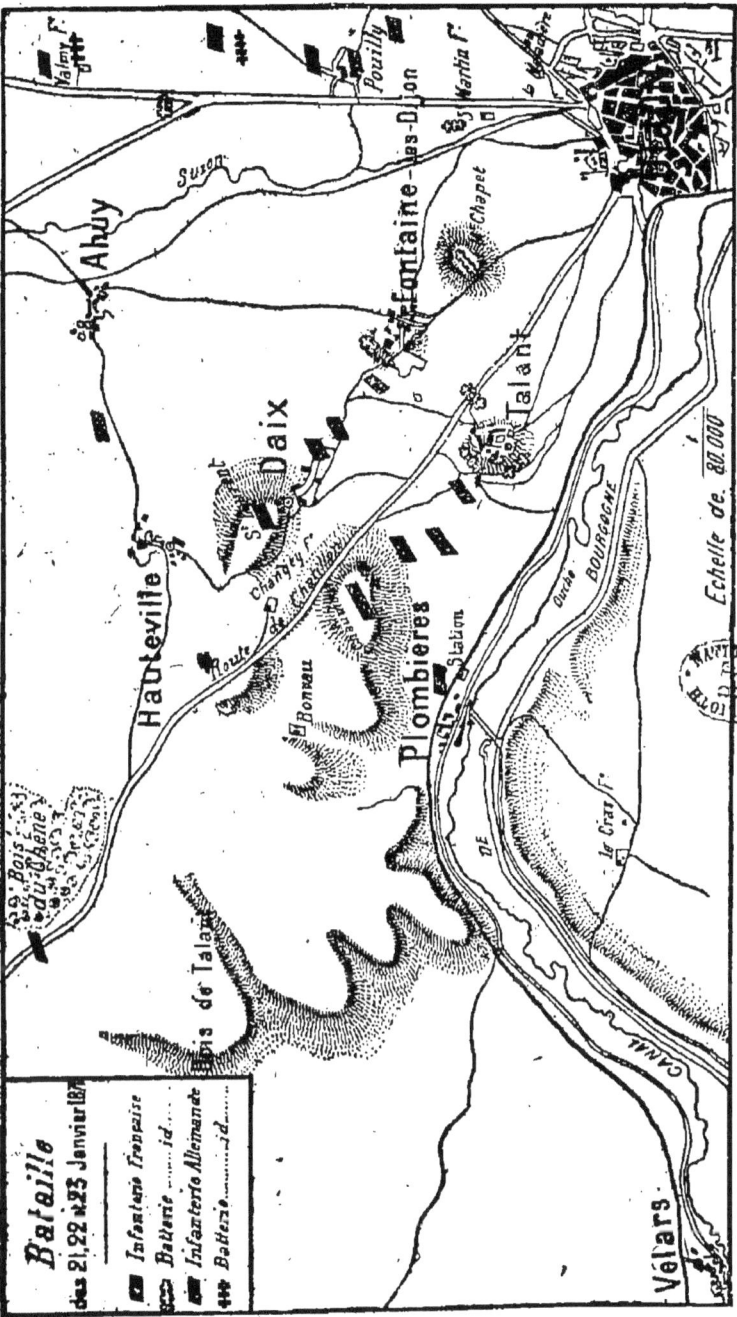

Bataille
des 21,22 et 23 Janvier 1871

Infanterie française
Batterie .... id......
Infanterie Allemande..... id...
Batterie......... id.....

Valmy F.
Pouilly
Martin F.

Ahuy

Suzon

Fontaine-les-Dijon

Chapet

Daix

Talant

Hauteville

Changey F.
de Chatillon
Bois
du Chène

Bonneau

Route

Bois de Talant

Plombières

Station

Canal DE BOURGOGNE

la Cras

CANAL

Vélars.

Echelle de. 80.000

Journées du 21 22 et 23 Janvier.

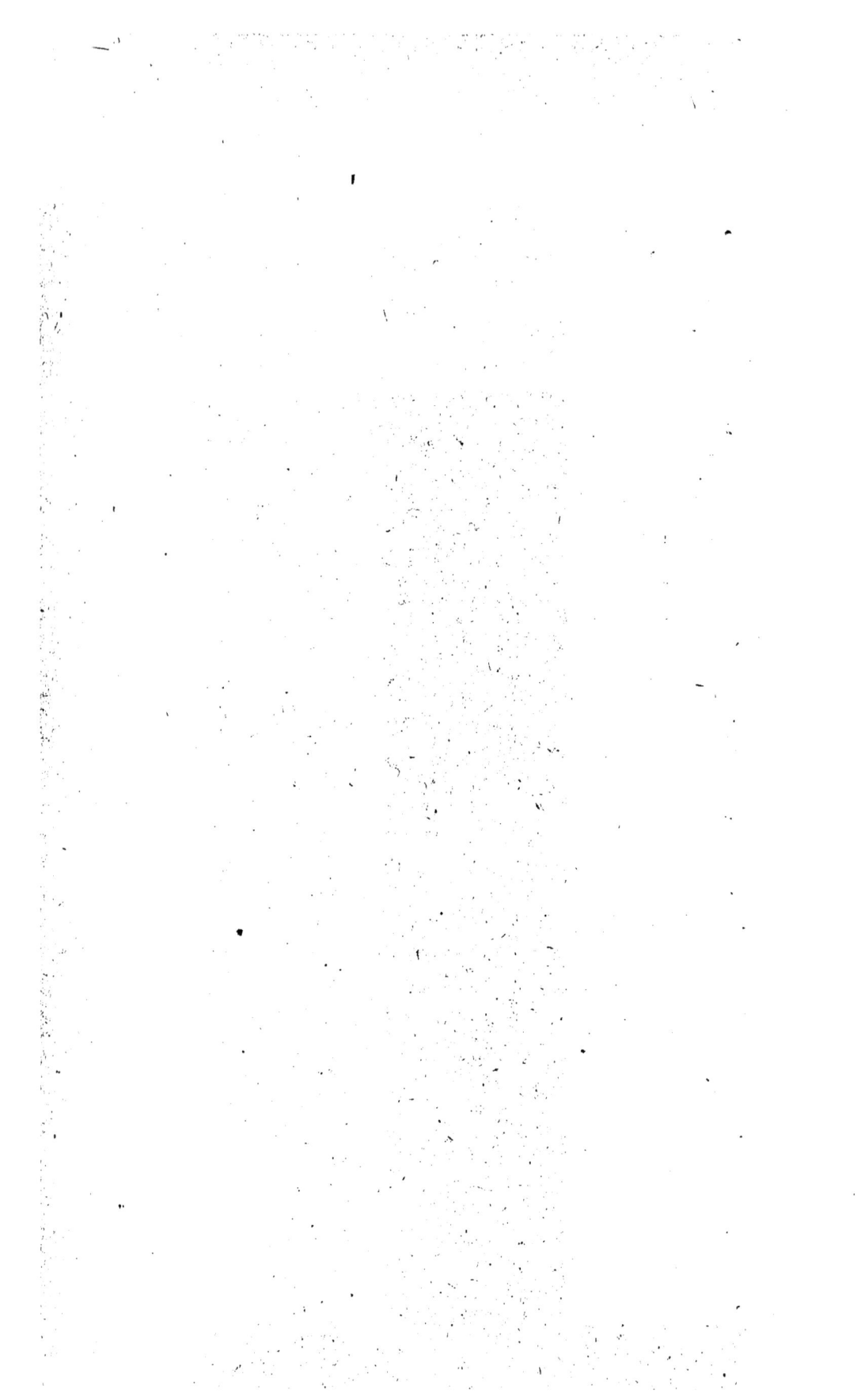

une balle lui traverse l'épaule droite ; il tombe, se relève et s'enfuit. Une nouvelle décharge a lieu, et une balle perce encore la joue du malheureux infirmier-major ; mais, protégé par l'obscurité, il échappe à ses bourreaux, et, après avoir erré pendant 3 heures à travers champs, il arrive mourant à la ferme de Pouilly, d'où on le ramène à Dijon. Outre plusieurs blessures légères, M. Fleury avait reçu un violent coup de crosse sur la tête, un coup de baïonnette au côté ; il avait l'épaule et la joue traversées par des balles.

« Pendant que ce drame s'accomplit, M. Dhérey se relève aussi et veut expliquer qu'il appartient à une ambulance régulière. Il allait être percé d'une baïonnette, quand un chirurgien-major allemand entre et arrête le coup.

« Le matériel de l'ambulance est enlevé par les Allemands ; des quatre conducteurs qui se trouvaient dans l'écurie, un seul parvient à s'échapper, après être resté caché pendant 36 heures dans un amas de paille, sans boire ni manger. On ne sait ce que sont devenus les autres. »

CHAPITRE XXI.

JOURNÉE DU 22 JANVIER.

« Dans la matinée, quelques canons sont montés à Bel-Air ; Mont-Chapet est armé de 2 pièces.

« On construit une barricade, barrière de Talant, à l'embranchement du chemin de Fontaine. Les murs des clos environnants sont crénelés.

« Une autre petite barricade est élevée en avant à 200 mètres.

« Les voitures, pleines de blessés, arrivent toujours. On transforme en ambulance centrale les salles des Etats et de Flore, à l'Hôtel-de-Ville. Après un premier pansement, les blessés sont envoyés soit à l'hôpital général, soit dans les ambulances particulières.

« A 10 heures, le combat recommence. Les tirailleurs engagent l'action en avant de Fontaine. On se fusille de très près. Un brouillard épais empêche l'artillerie de donner.

« Un détachement allemand du 24e essaie de tourner Talant ; le brouillard s'étant élevé à 11 heures, il est aperçu et canonné par Bel-Air. Bientôt un corps garibaldien arrive, le prend à revers et le rejette sur Chaumont.

« A midi, l'action est très chaude entre Talant et Fontaine. La 3e brigade (Menotti) occupe Talant ; la 1re (Canzio remplaçant Bossak) est à Fontaine. Les Allemands sont sur les plateaux de Chaumont (21ᵉ) et de Saint-Laurent (61ᵉ).

« De ce dernier point, ils tentent un mouvement sur Fontaine à notre droite. Les mobilisés de l'Isère, lieutenant-colonel Bleton, les abordent avec une grande vigueur, et les refoulent sur leurs positions.

« C'est alors que Garibaldi, qui était comme le 21 sur la place de l'église de Talant, ordonne un mouvement en avant. Il a lieu avec beaucoup d'élan, malgré une fusillade terrible.

« L'ennemi est repoussé sur Chaumont, sur Saint-Laurent, et nos lignes arrivent au pied de ses hauteurs. Trois zouaves, de passage à Dijon, Joseph Romand, de Lyon ; Combette, de Grenoble, et Pierre Barrault, montent à l'assaut du plateau Saint-Laurent, suivis par les tirailleurs d'Oran. Leur audace est couronnée de succès : les Allemands se replient, abandonnant le terrain à nos troupes. Barrault est parmi les blessés dans cette affaire.

« A notre gauche, Menotti délogeait aussi les Allemands de Chaumont et s'élançait à leur poursuite, secondé par l'artillerie qui les décimait dans leur retraite. A 3 heures, il arrive à Changey, où il trouve une ambulance, et fait 53 prisonniers des 21ᵉ et 61ᵉ.

« Malgré l'exemple funeste donné par les Allemands, l'ambulance prisonnière est respectée. M. Jules Delon, lieutenant des francs-tireurs du Gard, est chargé de la conduire à Lyon.

« A 4 heures, Garibaldi rentre à Dijon, en voiture, salué par les vivats d'une foule nombreuse.

« En abandonnant Hauteville, les Allemands emmènent Denis Binet et son fils âgé de 19 ans ; Gruet, cultivateur, et Contet-Deschamps fils, en les traitant de francs-tireurs. Le fils Binet s'échappe ; mais les trois autres sont envoyés à Dresde, où le père Binet mourut de chagrin, le 12 février 1871, laissant six enfants. »

CHAPITRE XXII

JOURNÉE DU 23 JANVIER. — LE CHATEAU DE POUILLY. — LE DRA-
PEAU DU 61ᵉ POMÉRANIEN. — LES MONUMENTS COMMÉMORATIFS
DE FONTAINE ET DE BELLEFOND.

« Les Allemands vont faire une dernière tentative pour reprendre Dijon.

« Les points stratégiques autour de Dijon sont solidement gardés. La brigade Menotti est toujours à Talant, avec détachement à Bel-Air, aux carrières Chaumont, etc. La brigade Bossack-Canzio occupe Fontaine, Dax. Les bataillons de Saône-et-

Loire sont à Pouilly et sur la route de Langres ; ceux du Jura à Saint-Apollinaire ; ceux de l'Isère à Montmuzard.

« A Dijon, il y a les 2ᵉ et 4ᵒ brigades, ainsi que les mobilisés de l'Ain, de l'Hérault, de la Haute-Savoie, tous arrivés d'hier ou d'avant-hier. Les mobilisés sont sous les ordres du général Pellissier.

« A 2 heures, les Allemands s'avancent d'Ahuy à travers champs sur les routes d'Is-sur-'Tille et de Thil-Châtel. On en voit sortir aussi de Bellefond et d'Asnières.

« Ils établissent deux batteries à la ferme de Valmy.

« Soudain ils ouvrent le feu contre les avant-postes de Saône-et-Loire qui faisaient la soupe devant la maison du *Rendez-Vous des Chasseurs*; leurs canons de Valmy sont descendus en face de cette auberge, de l'autre côté de la route. Fontaine, Mont-Chapet, la Boudronnée, ainsi qu'une batterie de la Charente-Inférieure, commandant Paul Dyon, établie à la hauteur de la ferme de Pouilly, les couvrent d'obus. En peu d'instants 28 blessés sont amenés dans l'auberge, sur laquelle l'ennemi met un drapeau d'ambulance. L'état-major se masse derrière pour échapper aux coups de notre artillerie.

« Mais les Allemands écrasent de leur feu la batterie du commandant Dyon. Bientôt il a 18 hommes blessés et 20 chevaux atteints par les projectiles ennemis. Il est obligé de se replier, et pour cela une des pièces est ramenée à bras.

« Cette retraite détermine l'abandon du clos des Chartreux et des clôtures environnantes, par les mobilisés de Saône-et-Loire (Louhans). Les Allemands font alors un rapide mouvement en avant par la route , par la tranchée du chemin de fer en construction et par le chemin de Ruffey. A 3 heures, ils occupent la ferme de Pouilly et sont devant le château, que les mobilisés abandonnent en jetant leurs armes.

« En ce moment la brigade Ricciotti accourt sur le champ de bataille. Les francs-tireurs des Alpes, du Mont-Blanc, de l'Isère, occupent l'usine Bargy, vulgairement connue sous le nom de Creux-de-Fremiet ; ceux du Doubs , de Toulouse, de Dôle , les *Enfants Perdus* rallient les fuyards et vont soutenir le bataillon de Charolles, déployé en tirailleurs derrière le talus du chemin de fer, à gauche de la route. *Les Chasseurs de la Loire*, capitaine Laberge, vont à droite sur le château du Pouilly.

« Mais pendant que ce mouvement s'exécute, les Allemands, à droite, ont pris le château de Pouilly, abandonné par les Louhannais et les Chalonnais ; seuls une douzaine de francs-tireurs de la *Guérilla d'Orient* restent dans les greniers et s'y défendent.

« A gauche, un bataillon du 21ᵉ poméranien s'avance sur la route, à la croisée du chemin de fer, et, prenant les mobilisés de Charolles en écharpe, il les oblige à la retraite, malgré la vigoureuse attitude des *Enfants Perdus*, qui ont 33 hommes hors de combat sur 80.

« Cette retraite du bataillon de Charolles découvre l'usine Bargy contre laquelle marche le 61ᵉ poméranien, abrité par le haut talus du chemin de fer; elle paralyse le mouvement en avant du bataillon de Bourbon-Lancy, qui s'avançait à droite sur la route, entraîné par son commandant.

« A 3 heures 1⁄2, les Allemands cernent l'usine Bargy de trois côtés différents. Le 24ᵉ poméranien, lieutenant-colonel dé Lobensthal, occupe le château de Pouilly et l'immense parc qui l'entoure. Des batteries, à cheval sur la route, obligent à la retraite une batterie française établie aux environs de l'usine , après lui avoir mis 13 hommes et 8 chevaux hors de combat.

« En entrant dans le château de Pouilly, les Allemands y trouvent 2 blessés de Saône-et-Loire. Le fermier, M. Cornice, les avait fait placer dans la grande salle du bas, et leur donnait les premiers soins, quand il eut lui-même le mollet éraflé par une balle et dut se cacher.

« Ne pouvant déloge r des greniers les hommes de la *Guérilla d'Orient*, les Allemands veulent les enfumer. Ils placent en conséquence, sur le grand escalier de pierre du vestibule, la paille et les fagots qui servaient aux mobilisés, et y mettent le feu.

« Cependant, on ignore ce qui a donné lieu à cet acte inouï. M. Fontaine, de Châlon, un des blessés, est saisi par les soldats allemands. Ils lui lient solidement les bras par devant, et ainsi garrotté, le jettent sur le feu de l'escalier, où le malheureux est brûlé vif. Un de ses bourreaux qui venait alimenter le feu avec une brassée de paille, est tué d'un coup de fusil par les hommes de *la Guérilla*. Il tombe, et, il est en partie brûlé aussi.

« Ce fait inouï a été démenti par les Allemands. Tous les témoins de cet horrible drame ayant disparu, la vérification rigoureuse en est impossible ; on est réduit à l'observation et aux conjectures. Le corps du malheureux Fontaine était étendu sur les marches inférieures de l'escalier en pierre, la tête en haut; il recouvrait un peu de paille non brûlée, et était sur le côté gauche, le dos tourné vers la plinte de la muraille, les bras croisés à la hauteur du cou, la tête encore reconnaissable, et les jambes horriblement brûlées; il avait une blessure mortelle dans le dos, et sur les poignets des meurtrissures pouvant avoir été produites par une corde de grosseur médiocre avec laquelle les bras avaient été liés. Le feu avait consumé la plinte, quatre ou cinq marches, mais ne s'était pas étendu ; le corps était entouré de charbons provenant de la combustion du menu bois. Des traces d'huile minérale ont été trouvées sur différents points, où il y a eu des tentatives d'incendie qui n'ont pas eu de résultats sérieux.

« Il y a donc eu combat dans le château, puis incendie de paille ou de bois sur un corps vivant, et, en cela, un acte de barbarie stupide, inutile et féroce.

« Pendant que ce drame horrible se passe dans le château de Pouilly, les événements marchent. Le 61ᵉ régiment poméranien s'est avancé sur notre gauche jusqu'à la croix Philippe Leroy ; sur notre droite, l'ennemi débouche derrière le clos de Pouilly par la route de Ruffey,

« *Les Chasseurs républicains* de la Loire couchés à plat ven-

tre, à 300 pas du parc, échangent une vive fusillade avec les Allemands ; les pièces de la Boudronnée canonnent la colonne de la
route de Ruffey. De l'usine Bargy éclate un feu d'enfer par les
fenêtres, par les toits. En arrière les bataillons de Saône-et-Loire
se reforment à la hâte. Il est 4 heures.

« Un éclaireur dijonnais, M. Lévy, boucher, part à fond de
train. Il entre à la préfecture et annonce à Garibaldi que Ricciotti est cerné dans l'usine Bargy. Aussitôt le vieux général se
lève ; son entourage court aux armes. A 4 heures un quart il
arrive sur le champ de bataille, dans sa voiture découverte.

« La défense de l'usine Bargy était alors formidable. A plusieurs reprises, les Allemands veulent en tenter l'assaut ; ils pénètrent une fois jusque dans la cour ; mais ils sont repoussés
avec des pertes énormes. En peu d'instants, ils ont 200 hommes
hors de combat. Le capitaine Kumme, les lieutenants Weise,
Luschs, Venzel, Straube, Fallkenhayn, de Bornstœe, de Schulen-
bourg , Scheusse , sont blessés ou morts. Le porte-drapeau
tombe ; le lieutenant Schutz relève le drapeau, il tombe aussi,
frappé de 4 balles. Le lieutenant de Pluttkam lui succède ; il est
tué. Le drapeau reste à terre.

« En ce moment, Garibaldi, arrivant sur le champ de bataille,
ordonne d'aller en avant à la baïonnette. Le bataillon de Charolles arrête l'ennemi à gauche par ses feux de peloton ; le bataillon de Tournus se forme en bataille et marche sur Pouilly.

« La brigade Bossack-Canzio descend de Fontaine ; Bordone
envoie de Montmuzard les bataillons de l'Isère. Les batteries de
Fontaine, de Mont-Chapet et de la Boudronnée tonnent contre les
lignes ennemies. L'élan est donné de toutes parts, les fuyards
eux-mêmes ramassent les fusils jetés et suivent le mouvement.

« C'est alors que le capitaine Michard, qui commande dans l'u-
sine Bargy, fait une sortie à la baïonnette. Les soldats du 61e
poméranien, que leurs chefs ne retenaient qu'avec peine au feu,
n'osaient plus relever leur drapeau abattu ; le 61e se retire en
désordre derrière le talus du chemin de fer. Cutaz, d'Annecy,
des *Chasseurs du Mont-Blanc*, ramasse le drapeau prussien abandonné près d'un monceau de cadavres et l'offre à Ricciotti dans
la cour de l'usine.

« La déroute commence, les batteries allemandes lancent
quelques obus à toutes volées sur les faubourgs de Dijon et battent en retraite. Les hussards français du 3e, une poignée, font
une charge audacieuse sur le château, que l'ennemi abandonne
en toute hâte. Il est poursuivi la baïonnette aux reins jusqu'au-
dessus de Pouilly. Le manque presque absolu de cavalerie empêche de profiter de cette victoire et de ramasser des prisonniers.

« Garibaldi rentre à la préfecture à 5 heures, acclamé par la
foule.

« L'ennemi couche à Asnières, Messigny, Vantoux, etc. Au
point du jour, craignant une attaque, il crénèle les jardins et
les clos d'Asnières du côté de Dijon.

« Il amène dans ce village 5 prisonniers français, dont 2 blessés peu grièvement, qui sont fusillés.

« Un maréchal de Dijon, nommé Pognon, est assailli par les Allemands en retraite, et reçoit 10 blessures. Il fait le mort. On le transporte plus tard chez M. Claude Mercier, d'Asnières, où il reçoit les premiers soins.

« Pendant la bataille, des éclaireurs de Garibaldi, à cheval, parcouraient les rues de Dijon, ou ralliaient énergiquement les fuyards.

« Durant ces trois journées de janvier, les troupes de l'armée des Vosges, étrangers ou français, se sont battues courageusement ; amis et ennemis n'ont pu que rendre hommage à leur bravoure.

« Les pertes des Prussiens furent sensibles. Le chef d'état-major de l'armée allemande du Sud accuse dans la brigade Kettler, pour les engagements de Dijon, une perte de 32 officiers, 644 hommes de troupes tués, blessés ou disparus, un sur cinq.

« Il est difficile de reconnaître le but des Allemands dans cette affaire ; quelques-uns pensaient qu'il s'agissait de la reprise de Dijon ; mais alors l'ennemi serait descendu dans la plaine ou aurait tourné par Saint-Apollinaire. L'apparence plausible était une reconnaissance offensive pour constater la nature des forces françaises que l'armée allemande laissait derrière elle, forces qui, au dire d'hommes compétents, auraient dû prendre position sur la Saône, en disputer le passage, et qui pouvaient, résolument conduites, entraver encore l'entreprise dirigée par le général de Manteuffel.

« Cette fois, la retraite des Allemands semblait définitive. Ceux qui pensaient que leur dernière tentative avait eu Dijon pour objectif, furent obligés de modifier leur opinion, lorsqu'ils apprirent que l'ennemi était entré à Dôle le 24 dans la journée, et de plus qu'un détachement considérable marchait sur Mouchard, Byans et Arbis. Les communications de l'armée de l'Est avec sa principale base étaient coupées, et le sort de cette armée compromis. »

L'Etat a fait réunir dans une concession, au cimetière de Fontaine-les-Dijon, la dépouille mortelle de 37 militaires français tués aux combats des 21, 22 et 23 janvier, et qui avaient été inhumés dans le cimetière et en dehors.

La commune a érigé, au sommet de la montagne qui domine la ville, un monument commémoratif en l'honneur des soldats tués à la bataille de Dijon. Ce monument est formé d'un socle sur les faces duquel sont sculptées en relief des couronnes, une palme et une épée entre-croisées, enveloppant une croix de la Légion d'honneur. Le socle se termine par des frontons entre lesquels est posé un tronc de pyramide voilé. Un des frontons supporte une croix qui se détache en avant de la pyramide, et au-dessus de laquelle on lit : *Honneur et Patrie*. Au-dessus de la palme et de l'épée, on a gravé la dédicace :

AUX
SOLDATS MORTS
POUR LA DÉFENSE
DU PAYS
Les 21 22 23 Janvier 1871

MONUMENT DE FONTAINE-LES-DIJON.

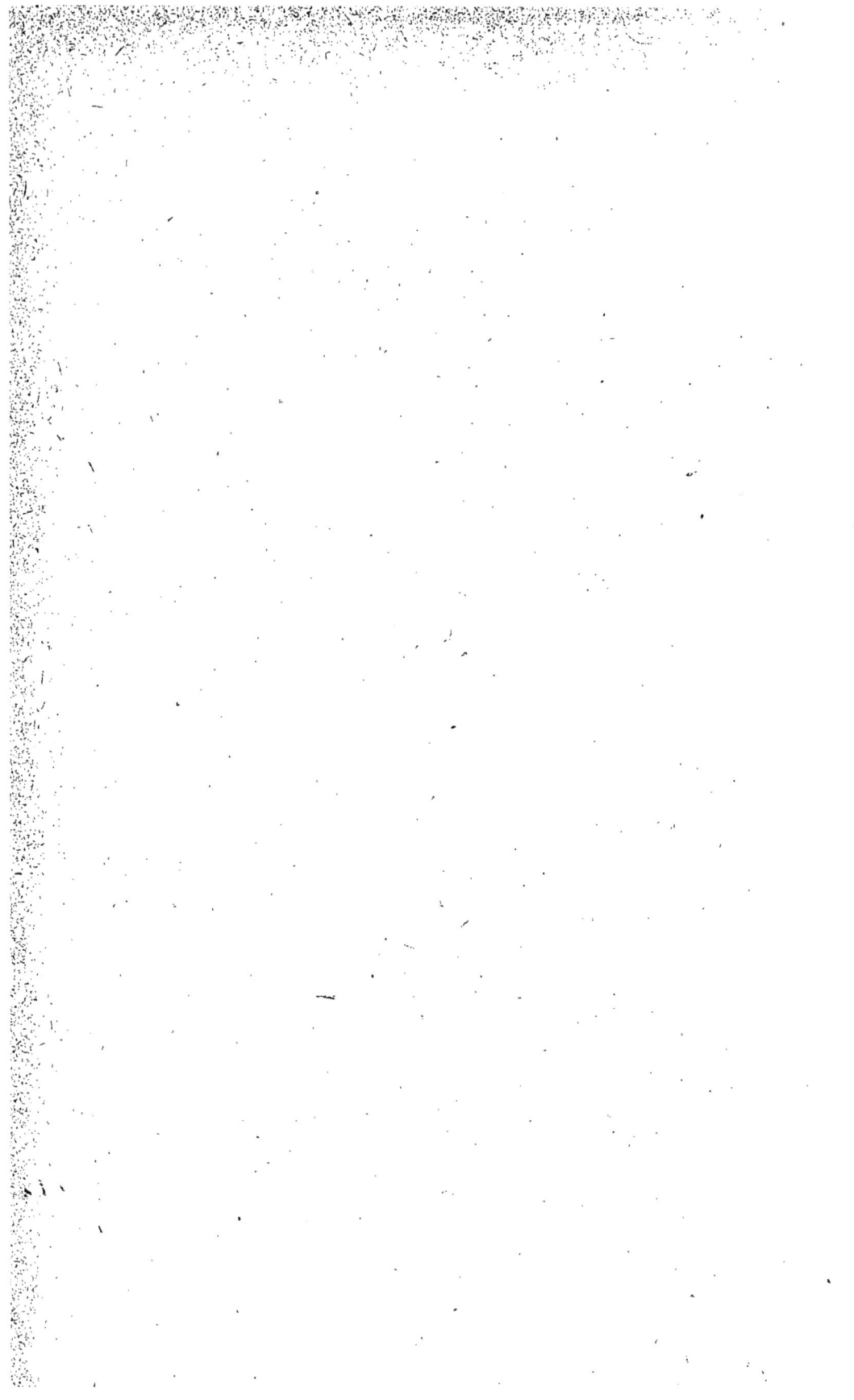

AUX SOLDATS MORTS POUR LA DÉFENSE DU PAYS LES 21, 22
ET 23 JANVIER 1871.

Ne nous oubliez pas.

—

Sur la face opposée, on lit cette inscription:

AUX GARDES MOBILES
DE SAÔNE-ET-LOIRE, DE L'AVEYRON, DE L'ISÈRE
ET DES ALPES-MARITIMES.
AUX SOLDATS DE TOUTES ARMES.

A Bellefond, une concession a été acquise pour la sépulture
de 7 francs-tireurs du Gers, morts près d'Asnières, le 21 janvier; sur leur tombe un monument a été élevé avec le produit de souscriptions versées par les habitants.

Ce monument se compose d'une colonne brisée dressée sur
un piédestal qui porte l'inscription:

AUX SEPT BRAVES FRANCS-TIREURS DU GERS,
MORTS LE 21 JANVIER 1871
EN DÉFENDANT LA PATRIE CONTRE LES ALLEMANDS

Les Habitants de Bellefond

CHAPITRE XXIII

BOSSACK-HAUKÉ, SON MONUMENT.

Le voyageur qui va de Dijon à Val-Suzon par la route de Paris, longe les beaux et riches villages de Talant à gauche, de Fontaine et de Daix à droite. Rien de plus gracieux que ces champs recouverts de riches vignobles et d'arbres fruitiers, que ces villas entourées de jardins riants qui bordent la route jusqu'à la sortie de Talant.

Plus loin, le site change d'aspect ; aux vignobles succèdent les cultures de céréales ; puis, lorsqu'on a dépassé la ferme de Changey, on arrive au sommet d'un plateau dénudé d'où l'on aperçoit à droite Hauteville avec son fort, à gauche les champs arides et rocailleux de Champ-Moron, se terminant à l'ouest par des combes encaissées. Un peu plus loin, c'est le bois du Chêne : on est à 8 kilomètres de Dijon. Lorsqu'on a fait quelques pas, on aperçoit à droite, à 20 mètres de la lisière du bois, un modeste mausolée devant lequel tous les voyageurs se découvrent et s'inclinent avec respect : c'est là, dans ce paysage sévère, sous ce bois silencieux, qu'est venu tomber sous les balles prussiennes, le 21 janvier 1871, le vaillant général illustré par les batailles du Caucase et de la Pologne ; c'est là que Bossack-Hauké est mort seul, abandonné, comme Roland dans la vallée de Roncevaux.

Les Allemands étaient maîtres de ce champ de bataille, et les soucis des opérations militaires n'avaient pas permis de se livrer pendant ces trois jours à des recherches pour retrouver Bossack-Hauké. Le 24 janvier, hélas ! on découvrit le général à l'endroit même où il avait été frappé mortellement : sa physionomie était calme et presque souriante ; il avait dû être tué sur le coup, et, chose navrante à raconter, le cadavre de ce brave soldat était mutilé et dépouillé de tout ce qu'il avait sur lui : son portefeuille avec des cartes, sa longue-vue, son sac de campagne, son revolver, son sabre d'honneur donné par l'empereur de Russie, ses bagues et jusqu'à ses lettres.

On pensait d'ailleurs qu'il n'était que blessé et qu'il avait été recueilli dans une ferme des environs. Ses compagnons d'armes ne pouvaient croire à cette fin épouvantable, ils ne pouvaient admettre que cette belle existence fût déjà brisée.

Il fut ramené à Dijon par les soins pieux du propriétaire de Champ-Moron, et déposé au quartier général. Une garde d'honneur, composée en partie de Polonais qui étaient attachés à divers titres à son état-major, fit la veillée près de cette chère relique, jusqu'au moment de son inhumation provisoire dans le cimetière de Dijon, d'où elle partit, quelques jours plus tard, pour la Suisse, où résidaient la veuve et les enfants de cet illustre soldat.

BOSSAK-AUKE

St JANVIER
1871

MONUMENT ÉLEVÉ A LA MÉMOIRE DU GÉNÉRAL BOSSACK-HAUKÉ.

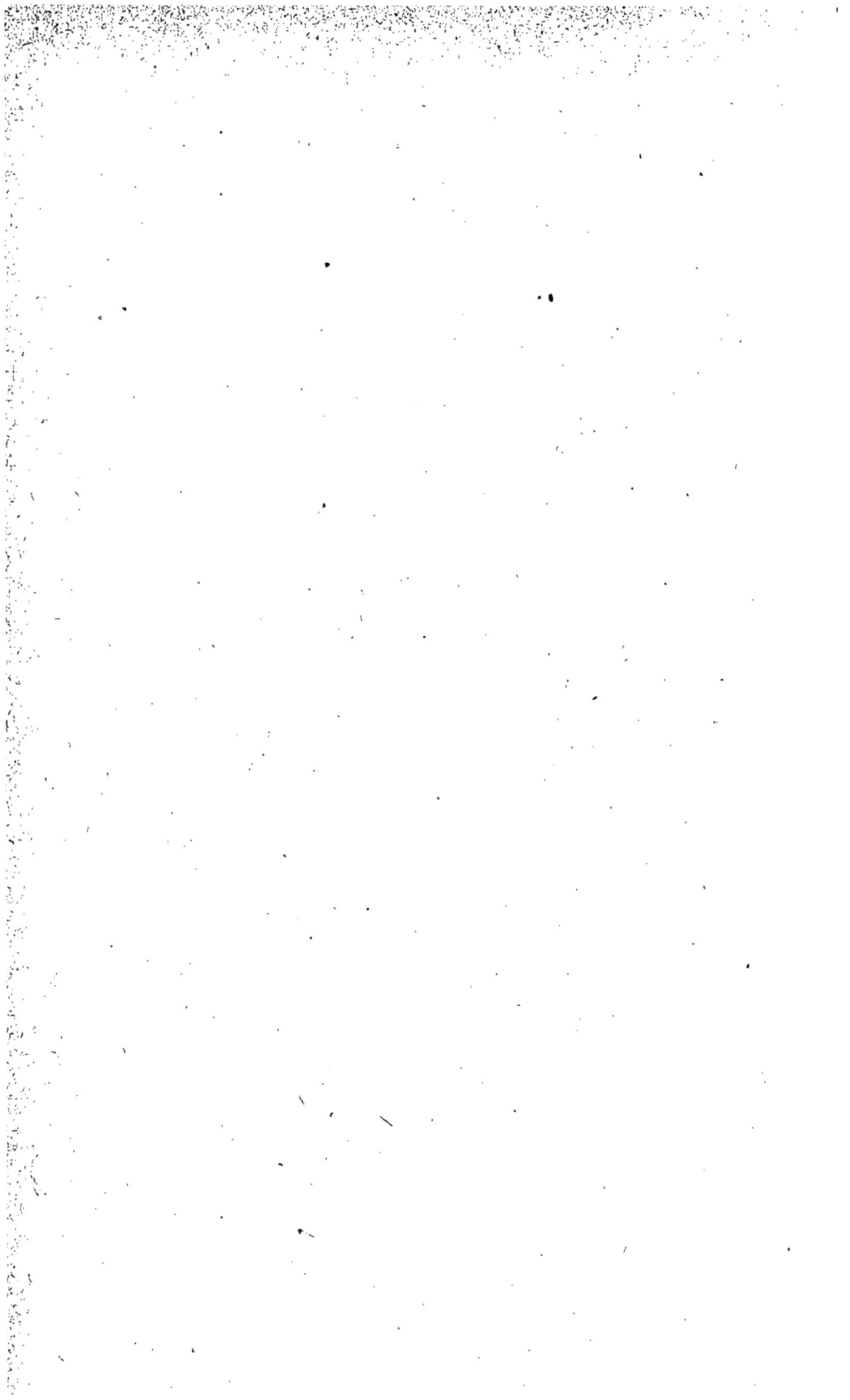

Garibaldi apprit la mort du commandant de la 1re brigade par l'ordre du jour suivant:

« La Pologne, la terre de l'héroïsme et du martyre, vient de
« perdre un de ses plus braves enfants, le général Bossack.

« Ce chef de notre première brigade de l'armée des Vosges a
« voulu, par lui-même, s'assurer de l'approche de l'en-
« nemi vers le Val-de-Suzon, dans la journée du 21 janvier, et
« lancé avec une douzaine de ses officiers et mêlé à eux de ce
« côté, il a voulu, bravoure inouïe, arrêter une armée avec une
« poignée de braves.

« Ce Léonidas des temps modernes, si bon, si aimé de tous,
« manquera à l'avenir, à la démocratie, dont il était un des plus
« ardents champions, et il manquera surtout à sa noble Patrie! »

Les frères d'armes de Bossack, voulant que ce nom glorieux vécût autre part que dans leur souvenir, donnèrent tous le denier du soldat, afin qu'une pierre commémorative nous rappe-lât le héros mort pour la France.

Ce désir a été accompli le 22 janvier 1872. Une pyramide de granit a été élevée près la route de Paris, sur un terrain offert par M. Bonnet, de Champmoron, à l'endroit même où Bossack, mortellement blessé, tua encore deux soldats prussiens qui gi-sent au pied du mausolée.

Les armes de Hauké sont gravées au sommet de la pyramide ; plus bas on lit :

BOSSACK-HAUKÉ,
Né le 19 mars 1834,
Mort le 21 janvier 1871.
Noble enfant de la Pologne
Il fut, en 1863, un de ses plus braves défenseurs,
Et, en 1871, vint verser son sang pour la France !

Une double rangée d'arbres sert d'avenue au modeste monument, qui doit être protégé par une barrière.

Lors de l'inauguration de ce monument, plus de deux mille personnes de Dijon et des environs étaient venues rendre un témoignage à la mémoire du brave Polonais tombé en défendant la France.

CHAPITRE XXIV

LES OTAGES DIJONNAIS A BRÊME.

La résistance en détail organisée dans la Haute-Saône et dans la Côte-d'Or irritait les Prussiens au suprême degré. Il fallait effrayer le pays ; et comme les exécutions sommaires de paysans, de francs-tireurs, voire de femmes et de médecins, ne produisent qu'un effet contraire à celui qu'ils en attendaient, ils inventent un moyen nouveau : les otages.

Sous le fallacieux prétexte que, contrairement aux lois de la guerre, 40 capitaines marchands de la marine allemande brémoise ont été pris par notre flotte, M. de Bismarck ordonne qu'en échange de 40 pêcheurs de morue, 40 notables soient aussitôt pris en Bourgogne et internés à Brême. Il en veut 10 de Vesoul, 10 de Gray et 20 de Dijon.

En suite des ordres donnés par von Werder, 30 habitants de Dijon reçoivent tout à coup l'ordre de se tenir prêts à partir. A la réception de cette convocation, on court, on s'informe, on objecte au commandant que la convention stipule avant tout la liberté des personnes ; le vénérable évêque, Mgr Rivet, télégraphie au roi Guillaume pour réclamer au nom du droit et de la parole donnée. Vaines démarches ; la liste de von Werder est faite, signée de lui ; il faut partir, et on part.

M. Jenniol, attaché à l'état-major allemand, explique aux otages « l'agrément de leur situation, les facilités qu'ils auraient en Allemagne pour leur vie et leur correspondance ». Puis il ajoute : « Vous serez conduits par un homme qui appartient à la plus haute aristocratie allemande, le comte von Rantzau. Vous serez en très bonne compagnie ». A quoi on lui répondit : « Pardon, Monsieur, c'est lui qui sera en bonne compagnie ».

Donc, le vendredi 2 décembre, furent emmenés de Dijon, pour arriver le 13e jour à Brême, 20 otages civils dont les noms suivent :

MM. 1. Gustave Piet, propriétaire.
2. Marquis du Parc, de Brognon.
3. Anatole Mairet, banquier.
4. Lombard, avocat.

MM.   5 Legoux, substitut.
    6. Coffin, ingénieur en chef.
    7. Gaulin-Dunoyer, banquier, remplacé par le docteur Jeannel.
    8. André, propriétaire.
    9. Ch. Echaillé, banquier.
  10. Perdrix, avocat.
  11. Séguin de Broin, propriétaire.
  12. E. Cugnotet, propriétaire.
  13. Roignot fils, avocat.
  14, Ch. Thiébaud, négociant.
  15. H. Audiffred, négociant.
  16. Perreau, brasseur,
  17. Roydet fils, propriétaire.
  18. Gaudemet, professeur de droit.
  19. Drevon, propriétaire.
  20. Raviot, propriétaire.

Etapes indiquées : Gray, Vesoul, Saint-Loup, Epinal, Strasbourg, Manheim, Francfort, Cassel, Hanovre.

Quelques dames ne voulurent pas se séparer de leurs maris; elles se sont bravement jetées dans cette aventure, sans savoir où elle les mènera.

Le nombre de ces épouses fidèles s'augmenta plus tard ; mais on ne peut s'empêcher de saluer l'héroïsme des premières qui partirent ainsi pour l'inconnu sans sourciller ; leur caractère, qui rappelle bien celui des femmes gauloises si dévouées à leurs époux, ne se démentit pas dans les plus dures circonstances, et leur perpétuelle bonne humeur égaya les plus tristes étapes des otages. A Gray, la colonne des exilés apprit que les otages Graylois avaient été enlevés l'avant-veille. Le sous-préfet avait été pris avant tous les autres, en punition de son langage patriotique et républicain en face de Werder. M. Thénard avait vu son château, à Talmay, cerné par un détachement de cavalerie, et le commandant lui avait refusé même le temps de faire sa barbe. Son ardeur pour la défense nationale devait le signaler. M. le baron Thénard était un de ces hommes de cœur qui ne désespéraient point et auxquels l'amour de la patrie faisait abdiquer leurs plus intimes convictions, dans l'espoir du salut : ses chevaux, ses voitures, ses domestiques étaient mis avec empressement au service de Garibaldi, parce que c'était un défenseur de la France.

Les dix otages de Vesoul furent enlevés d'une manière aussi arbitraire et aussi inexplicable que ceux de Gray et de Dijon. La veille de leur départ, l'ennemi, pris de panique, les fit monter tout à coup en voiture et les emmena passer une nuit glaciale hors de la ville.

A Lunéville, les 40 otages se retrouvèrent, et firent ensuite et tristement, dans de pénibles conditions, la route qui conduit à Brême, où ils arrivèrent au jour fixé, le 14 décembre. Cette ville « libre et hanséatique » autrefois, mais libre aujourd'hui de donner son or et son sang au roi de Prusse, et de ne s'associer qu'avec lui, est un port de mer situé sur une grande rivière sale qui s'appelle le Weser.

A Brême, les otages français furent considérés et traités comme des prisonniers de guerre, vivant à leurs frais, et s'installant chacun selon ses goûts et ses moyens, se procurant de l'argent assez difficilement. Il en fallait et beaucoup cependant, car un correspondant facétieux de la Gazette du Weser lui avait écrit qu'en échange de leurs capitaines captifs, on envoyait aux Brémois de riches Français qui, par leurs dépenses, compenseraient les pertes du commerce. On comprend dès lors que les hôteliers cherchèrent à exploiter cette riche veine ; on parvint cependant à s'entendre avec eux, tant pour le logement que pour la nourriture.

Il y avait aussi à Brême des prisonniers français : 600 sous-officiers et soldats entassés dans une caserne, souffrant du froid et de la faim. Pour les soustraire à la funeste démoralisation produite par l'ennui, l'inaction et la misère, les officiers, outre le bien matériel qu'ils leur faisaient, selon les ressources dont ils disposaient, songèrent aussi à leur bien moral. Ils ont organisé des écoles où les prisonniers pouvaient suivre des cours réguliers portant sur les matières de l'enseignement primaire.

Deux otages ont obtenu à collaborer à cette œuvre patriotique et morale : M. Jeannel d'abord, et ensuite M. le baron Thénard, qui, avec les notions les plus émouvantes de la chimie, de l'agriculture et de l'économie sociale, fascinait les prisonniers chaque soir pendant deux heures.

L'auteur de l'ouvrage : « De Dijon à Brême », à qui nous empruntons cet article, M. Jeannel, professeur de Faculté, raconte ainsi ses impressions :

« Depuis douze ans que je fais le métier de professeur, j'ai eu l'occasion de voir d'excellentes classes et de parler devant des auditeurs d'élite. Jamais je n'ai été écouté avec autant d'attention, de déférence, de cœur, que par toute la troupe bariolée des prisonniers, entassés sous ce quinquet fumeux, dans cette salle de caserne ; jamais je n'ai éprouvé au même degré la sympathie qui va des yeux aux yeux. de l'âme à l'âme ; je préfère les poignées de main et l'approbation de ces braves gens à tous les applaudissements académiques. Je les aime, et ils m'aiment ; et, quoi qu'il advienne, nous ne nous oublierons pas, ô mes chers auditeurs et amis !

« N'étaient-ils pas libres d'aller jouer aux cartes ou dormir ? N'étais-je pas bien inexpérimenté pour parler à cette foule diversifiée où il fallait intéresser à la fois le plus et le moins instruit? Tous venaient, tous écoutaient de toutes leurs forces, et nous causions, dans cette prison et cette nuit. de tout ce qu'il y a de lumineux et de libre au monde.— La Bible, Homère, Eschyle, Platon, Pascal et Corneille, l'Asie, la Grèce et Rome ; l'histoire et l'avenir de la patrie attachaient ces esprits français jusqu'à la passion. »

Les otages essaient de rédiger un journal manuscrit écrit et illustré avec beaucoup de verve ; au premier numéro , il est interdit.

Leur vie n'a d'autres incidents que le courrier et la lecture des dépêches. Quelques Dijonnais sont frappés par de funestes nouvelles ; des pères, des parents meurent en France, et la nouvelle brutale arrive avant l'annonce de la maladie. Presque tous ont des frères, des amis, à Paris ou aux armées.

Cependant le moral se soutient dans cette anxiété sans trêve ; tous sont décidés à ne point se séparer, quoi qu'il arrive , et à ne revenir qu'ensemble comme ils sont partis. Nul ne veut solliciter, même dans des circonstances extrêmes , une faveur dont l'acceptation serait une sorte de reconnaissance du prétendu droit à l'otage.

Le colonel informe les exilés que M. de Bismarck leur accorde tardivement pour vivre une indemnité de 45 fr. par mois. Cette allocation insultante et dérisoire est acceptée par quelques-uns pour être aussitôt versée aux prisonniers ; d'autres disent avec le baron Thénard : « Vous n'aviez pas le droit de nous prendre ; vous n'avez pas le droit de nous payer » ; et ils refusent d'apposer leur signature sur la feuille d'émargement allemande.

Arrive l'armistice signé le 28 janvier. L'art. 14 concerne les otages.... « Il sera immédiatement procédé à l'échange de tous les prisonniers de guerre... L'échange s'étendra aux prisonniers de condition bourgeoise , tels que les capitaines de navire de la marine marchande allemande et les prisonniers civils qui ont été internés en Allemagne. »

Là-dessus les otages fondent le légitime espoir d'être relâchés immédiatement ; quelques-uns déjà songent à leurs malles ; mais le jour de la délivrance n'était point encore arrivé.

Nous avons dit que les journaux de Brème avaient pris plaisir à annoncer les otages comme de riches notables qui feraient de grandes dépenses. Un peu plus tard, ils ont publié leurs noms et qualités, et parmi ces noms, deux seuls les ont frappés : M. Thénard et un romancier. Ils ont lourdement plaisanté sur les loisirs que la captivité donnait à l'illustre chimiste pour méditer des découvertes, et au « poète Montépin » pour rêver à des œuvres fécondes.

De tout temps et en tout pays, les otages ont été traités avec courtoisie, déférence, honneur ; jamais une nation civilisée n'a vu dans leur position sujet à rire, et les convenances, encore plus que le droit, prescrivaient à leur égard , sinon l'hospitalité et l'amabilité, au moins le respect du silence.

Après ces traits auxquels les otages ne firent aucune attention, les journaux de Brème en vinrent un jour à la calomnie.

Dans le Courrier du 15 février , on lisait :

« Malgré l'armistice, il ne paraît pas que les otages de Dijon, Vesoul et Gray soient empressés de se faire échanger contre les capitaines de la marine marchande allemande qui sont prisonniers en France. Ils préfèrent attendre la fin de la guerre , le rétablissement de l'ordre intérieur, et la dispersion de la gent garibaldienne.... Ils ne sont aucunement partisans du gouvernement présent.... Ils déclarent ouvertement haïr Gambetta plus profondément que les Prussiens.... »

Les otages protestèrent énergiquement et opposèrent un formel démenti aux allégations du *Courrier*.

Et, dans le même journal, le baron Thénard, affirmant sa reconnaissance pour Garibaldi, écrivait cette lettre si patriotique, qui émut si vivement l'autorité et la population :

« En réponse à votre article en date du 15 sur les otages français retenus à Brême, dans lequel vous avancez que, loin de vouloir leur liberté, ils sont heureux d'être retenus, afin de gagner assez de temps pour voir venir les évènements, m'associant d'ailleurs à la protestation du docteur Jeannel, j'ai l'honneur de vous déclarer que mon plus grand regret est de ne pas m'être trouvé en temps opportun dans mon pays (la Côte-d'Or) afin de voter pour Garibaldi, le vaillant et heureux défenseur de la Bourgogne, et pour M. Magnin, le ministre habile qui a si heureusement coopéré à prolonger la résistance de Paris.

« J'ajoute que mon plus grand désir est de quitter l'Allemagne et de regagner la France qui a besoin du concours de tous ses enfants. »

Le lendemain, dans les annonces, entre les avis de décès, de bal et les rendez-vous, *le Courrier* contenait quatre ou cinq insultes à l'adresse de « l'instituteur » Thénard.

Les derniers jours des otages à Brême sont les plus tristes : espoir chaque jour déçu d'être rendus à la liberté ; nouvelles inquiétantes ; détails affreux sur les dernières convulsions de la Patrie expirante, insultée en grand et en détail dans son agonie par l'odieux vainqueur.

Enfin des passeports sont distribués aux otages le 24 février. Les officiers français, encore captifs, conduisent leurs compatriotes à la gare où ceux-ci s'embarquent avec la hâte fébrile du fils qui va embrasser sa mère mourante.

CHAPITRE XXV

LES MOBILES DE LA COTE-D'OR SOUS PARIS. — BAGNEUX, VILLIERS ET CHAMPIGNY. — LE COLONEL DE GRANCEY. — LE MONUMENT COMMÉMORATIF DE CHAMPIGNY.

C'est au moment où il fallait songer à défendre le sol sacré de la Patrie, après les défaites de Wissembourg, de Werth, de Freschwiller, défaites qu'on peut appeler des désastres, que le régiment des mobiles de la Côte-d'Or partit pour Paris.

« Troupe petite par le nombre, dit M. Spuller, mais troupe vaillante, généreuse, pleine d'ardeur, de confiance, et en laquelle l'espoir d'une revanche prochaine et complète dominait. » Ils allaient au cœur de la France, à Paris menacé, déjà perdu même avant d'avoir combattu, mais qui ne devait ouvrir ses portes qu'après cinq mois d'une résistance qui sera sa gloire éternelle devant l'histoire et la postérité.

Le départ eut lieu le 8 septembre, et ceux qui y ont assisté n'en ont point perdu le souvenir.

Ces jeunes gens, en blouse de laine, tirés de leurs villages, défilant la nuit dans les rues de la ville avec des cris de guerre, la gare retentissant d'un bruit inusité, la fanfare faisant vibrer la voûte vitrée, les pleurs contenus des mères, des sœurs, les poignées de mains des pères, des amis, c'était un spectacle inouï ; ils n'avaient point perdu confiance, ces braves enfants de la Côte-d'Or ; malgré Sedan, ils croyaient encore à l'étoile de la France, et l'enthousiasme les soutint au moins pendant la première période du siège.

C'était cet enthousiasme qui présidait aux exercices sur la place de l'Hôtel-de-Ville, où nos mobiles apprenaient le métier des armes au moins dans ses éléments, qui faisait trouver douces les premières gardes de rempart. « Ils étaient tout à leur affaire : et, comme ils étaient de la Côte-d'Or, de ce sang bourguignon toujours riche et vaillant, on les mit immédiatement en œuvre : on les employa à faire des reconnaissances.

« C'est ainsi qu'ils s'aguerrirent bien vite en faisant campagne comme de vieux soldats. Aussi, dès les premiers engagements, on les voit au premier rang, et on apprend par les rapports des chefs que les mobiles de la Côte-d'Or sont dignes de leur origine, qu'on peut compter sur leur fermeté autant que sur leur ardeur, et que ces jeunes recrues sont déjà de vieilles troupes. Mais chaque rencontre avec l'ennemi leur coûte du monde ; ils paient cher leur apprentissage du métier des armes. C'est ainsi qu'à Chevilly, le 30 septembre, ils ont eu un officier tué, 4 blessés, 15 soldats tués et 38 blessés. C'était la première fois qu'ils allaient au feu. Ils se distinguent en enlevant au pas de course, dans un assaut nocturne, l'importante position de la maison Millaud (10 octobre). Le 13, on les retrouve à Bagneux, où ils surprennent les Bavarois et où ils bravent à découvert leur fusillade. Là donnent trois bataillons, en particulier celui de Dijon, et le bulletin officiel porte leurs pertes à un officier blessé, 27 hommes tués, 112 blessés. »

Puis, on les voit à Colombes, le 16 octobre, demandés par le général Ducrot, et jusqu'au jour de Villiers et de Champigny, on s'exerce au maniement des armes ; on était redevenu gai pour la bataille que tous sentaient imminente.

Le 20 novembre, la brigade Martenot part pour Ivry, laissant le 1er bataillon à l'île de Puteaux. Le régiment a maintenant 4 bataillons sous les ordres du colonel de Grancey. Il y a dans l'air

des bruits de sortie, et le 27 arrive l'ordre de déposer tous les
bagages inutiles; le 28, distribution de sept jours de vivres, lecture de la fameuse proclamation du général Ducrot ; à six
heures, par une nuit noire, le régiment de la Côte-d'Or, avec la
division de Malvoy, part pour le bois de Vincennes et y
bivouaque.

Le jour vient, mais point de bataille ; pour des causes diver-
ses, la sortie était manquée. C'est le 30 au matin que devait
s'engager l'action qu'on peut appeler la bataille de Paris, car
c'est la seule fois qu'on ait tenté un effort sérieux pour rompre
les lignes ennemies. Ce fut un événement considérable, car il a
été le plus décisif du siège et le plus important de ceux auxquels
la Côte-d'Or a pris part.

Quoique la seconde nuit de bivouac eût été singulièrement
pénible et que les ponts de la Marne eussent donné à réfléchir à
plus d'un, le moral était bon, et les bataillons défilaient crâne-
ment, en bel ordre, devant les tribunes de Vincennes, puis sous
le feu de *La Gravelle*, qui tire sur Champigny, enfin dans les
rues désertes de Joinville.

Après avoir passé la Marne, les premières divisions couron-
nent déjà les hauteurs de la rive gauche ; à leur tour les bataillons de la Côte-d'Or franchissent la rivière au moment où l'artillerie de campagne tire à toute volée sur cette position importante. La division de Malvoy se jette dans les champs et monte
la côte, rangée en bataille depuis le remblai du chemin de fer de
Mulhouse jusqu'aux premières maisons de Champigny ; le 3e bataillon fait face à la ferme qui lui sert d'objectif ; le 2e est à sa
droite, le 4e à sa gauche.

A 150 mètres de la ferme, halte et genou en terre ; devant la
Côte-d'Or, sont deux batteries d'artillerie qui enfilent le plateau autour duquel est Champigny, Cœuilly, Villiers et Bry-
sur-Marne ; sur la levée du chemin de fer, des mitrailleuses
tirent avec furie. L'ennemi répond si maladroitement à ces batteries que ses obus manquent presque toujours la ligne des
canons français, passent sur les têtes des soldats et vont tomber quelque cinquante mètres plus loin ; la moitié n'éclate pas.

Huit heures durant, quatre ou cinq cents pièces tonnèrent
sans discontinuer ; du matin au soir, les mitrailleuses ne cessèrent leur grincement effroyable. Vers les quatre heures du
soir, comme la redoute prussienne tenait toujours, le général
Malvoy, qui l'instant d'auparavant avait failli être enlevé
par un obus, vient dire au colonel de Grancey de disposer le
3e bataillon dans l'enclos qui entoure la ferme, pour protéger
la retraite en cas de besoin.

Cet ordre est exécuté. L'artillerie française s'était tue. Tout à
coup éclate la fusillade la plus épouvantable qu'on puisse ima-
giner. Pendant une demi-heure, ce fut un roulement indistinct,
sans nom ; plus le silence se fait, rompu seulement par des
hurrahs sauvages.

Bientôt l'artillerie recommence le feu ; l'ennemi tire sur elle avec rage ; au milieu d'un ouragan de fer, nos artilleurs chargent et pointent, calmes comme au champ de manœuvre.

La nuit est arrivée, et la bataille de Villiers-sur-Marne est finie. C'est une victoire, puisque la Côte-d'Or couche sur des positions ennemies, mais une victoire stérile, car la redoute n'est pas prise, et demain les lignes prusiennes renfoncées défieront l'attaque. Pauvres mobiles, ils passent là une mortelle nuit de quinze heures, à l'entrée du plateau, balayé par un vent glacial, sans couverture et sans nourriture depuis le matin ! Ils souffrent sans se plaindre, car c'est le devoir, et personne n'y faillit.

Pendant la journée du 1ᵉʳ décembre, les deux armées en présence se sont bornées à quelques reconnaissances. Harassés pendant 3 nuits d'insomnie, de privations et de fatigues, nos mobiles passèrent la journée du 1ᵉʳ décembre dans les rues de Champigny, salués par quelques coups de canons ennemis dont les boulets tombent au beau milieu des gamelles et des cuisiniers. Le soir amène une quatrième nuit, plus froide encore que les autres.

Le 10ᵉ régiment de marche se trouvait arrivé aux avant-postes, au poste d'honneur, à peu près à la même hauteur qu'une batterie laissée sur le plateau de Viliers ; 13 autres batteries s'étaient repliées en arrière. Pendant cette nuit du 1ᵉʳ au 2 décembre, l'état-major avait reçu à plusieurs reprises l'avis que certains mouvements avaient lieu dans les rangs ennemis, et chaque fois les officiers envoyés en reconnaissance n'avaient rien signalé de grave.

Entre 5 et 6 heures du matin, les grand'gardes à droite et à gauche du plateau de Villliers furent surprises et attaquées par une colonne prussienne profonde. Devant cette attaque soudaine les grand'gardes, fusillées à bout portant, lâchent pied, se replient en désordre sur le campement ; sans sommeil depuis quatre jours, les soldats se débandent, se précipitent sur la pente du coteau et dans les rues de Champigny, notre extrême droite, où ils sont poursuivis par une vive fusillade bientôt accompagnée d'une grêle d'obus.

On s'étonne qu'après la surprise de la première *heure* et le désordre qui en résulta, les Prussiens ne soient pas descendus tout d'une traite jusqu'à la Marne. C'est que l'ennemi avait compté sans les quelques hommes déterminés du 3ᵉ bataillon qui occupaient la ferme sous le commandement d'Andelarre, et qui l'arrêtèrent toute la journée, le repoussant même parfois jusqu'au parc de Cœuilly, après des prodiges de bravoure. Une partie du bataillon avait remonté le coteau ; ce renfort permit de garder les positions qui commandaient la ligne de retraite, et de faire perdre aux Prussiens tout le profit de la première surprise.

La batterie laissée sur le plateau de Villiers, soutenue par les treize autres laissées en réserve autour du Tremblay, prennent une part sérieuse à la lutte. Ces quatorze batteries portées en avant font alors un feu épouvantable qui déconcerte l'en-

nemi; de leur côté, les mitrailleuses faisaient rage, et leur feu
était plus violent encore que l'avant-veille. En même temps, à
gauche, les 121e et 122e refoulaient, par une charge à la baïonnette,
les troupes prussiennes qui menaçaient la ferme, tandis qu'à
droite, les Bretons, appuyés sur la Marne, contenaient la gauche
ennemie, et voyaient tomber, grièvement blessés, le colonel de
Vigneral et ses trois chefs de bataillon.

A la nuit, les Prussiens décimés n'avaient pas gagné un centi-
mètre de terrain ; mais nos pertes étaient sensibles : 5 officiers
tués, 3 blessés, 69 hommes tués, 270 blessés ; le 3e bataillon de
la Côte-d'Or avait à lui seul 117 hommes hors de combat : les
lieutenants Sorlin, Broissan et Steinger avaient été tués, ainsi que
le colonel du régiment, le vicomte de Grancey.

L'infortuné colonel avait passé la nuit dans une maison de
Champigny, avec son ordonnance Paul Bernard, du 2e bataillon
de la Côte-d'Or. Debout dès 5 heures du matin, il faisait ses préparatifs pour la bataille qui allait se livrer, lorsque, vers 6 heures
et demie du matin, une balle prussienne vient s'aplatir sur le
rebord extérieur de la fenêtre de la chambre de M. de Grancey. Aussitôt il boucle son ceinturon, il sort et apprend l'attaque et la débandade des grand'gardes. Il tente alors d'arrêter le mal, l'épée
à la main ; il rallie une poignée d'hommes et cherche à rétablir le
combat ; il excite ses hommes, les encourage de la voix et du
geste, et c'est alors qu'il tombe mortellement frappé d'une balle
qui lui traverse le ventre.

Les Prussiens poussent un hourrah de triomphe ; quatre soldats du 42e de ligne le rapportent à son logement, et deux heures
après il était mort.

M. le vicomte de Grancey était un ancien officier de marine.
A la création de la garde mobile, il fut mis à la tête du 2e bataillon de la Côte-d'Or, et quand vint le système des élections, il
fut successivement maintenu à la tête de son bataillon, puis
élu lieutenant-colonel du régiment ; le combat de Bagneux lui
valut la croix d'officier de la Légion d'honneur ; peu de jours
après, il était colonel. Son amour de la discipline était extrême :
c'est dire qu'il n'était pas adoré de ses hommes ; mais il jouissait d'une estime universelle, on le savait brave et juste ; et ceux
qui l'approchaient se sentaient pour lui beaucoup d'affection,
parce que, sous des abords rudes, il cachait un excellent cœur.
Il expira calme, résigné, en héros chrétien, demandant si les
positions étaient reprises.

L'ordre du jour du 17 décembre 1870 fait son éloge : « *De
Grancey, colonel commandant le régiment de la garde mobile de
la Côte-d'Or, tué à la tête de son régiment qu'il entraînait par
son exemple. — Officier supérieur d'une bravoure hors ligne, dont
il avait donné des preuves éclatantes à l'attaque du village de
Bagneux, le 13 octobre* »

Le lendemain, 3 décembre, l'armée qui venait de lutter vic-
torieusement à Villiers et à Champigny reçut l'ordre de repas-
ser la Marne et de rentrer derrière les forts. L'ennemi n'osa

pas inquiéter la retraite, qui s'accomplit avec une précision parfaite.

A partir de ce jour, on peut dire que le siège de Paris est virtuellement terminé, et qu'avec Champigny se termine aussi l'histoire militaire des mobiles de la Côte-d'Or.

« Ces combats si héroïques, si meurtriers, sont la gloire de nos mobiles, qui ont toujours fait leur devoir : cette gloire si simplement, si noblement acquise au prix du sang et de la mort justifie le monument qui a été inauguré le 2 décembre 1883. Les amis, les compagnons d'armes de nos morts ne les ont pas oubliés ; tous les patriotes de la Côte-d'Or, sans distinction de partis politiques, se sont réunis pour conserver, par une pierre plus durable que la vie si courte des hommes, les grandes actions, la belle mort des combattants, nos concitoyens, que nous avons perdus en cette année terrible, où la France elle-même a failli périr. Dans ce pays bourguignon, où le sentiment de ce qui est élevé et noble a toujours été si vif, on a demandé à tout le monde des sacrifices qui n'ont coûté rien à personne, et bientôt le passant, à l'endroit même où nos jeunes concitoyens ont lutté pied à pied, verra debout une colonne qui ne portera pas leur nom à la postérité, mais qui dira que, dans ce désastre national, notre Côte-d'Or a largement payé sa dette à la France envahie.

« Non, il n'y aura pas de noms inscrits sur cette colonne : les monuments commémoratifs que la reconnaissance des peuples dresse sur la place où des hommes ont donné leur existence au pays, doivent être anonymes ; ils sont élevés à la gloire de ce grand peuple muet des armées que la mort a fauché, que la terre recouvre pêle-mêle sans distinction de grades, à la gloire de cette foule de héros obscurs, à jamais ignorés, qui passent de vie à trépas dans la brume fumeuse et sanglante des combats, en faisant le sacrifice de leur jeunesse et de leur bonheur ici-bas, à la Patrie dans la détresse et dans le malheur. C'est là ce qu'on a voulu marquer en élevant un monument qui ne porte pas d'inscription individuelle, mais qui honore la mémoire des enfants de la Côte-d'Or tombés glorieusement sous les murs de Paris. »

(Conférence de M. Spuller à Dijon, 4 novembre 1883.)

La ville de Dijon, toujours soucieuse de la gloire de ses enfants, a voulu perpétuer le nom de l'un d'eux et donner le nom du colonel de Grancey à l'une de ses rues.

CHAPITRE XXVI.

APRÈS L'ARMISTICE. — LES EXPLOITS DES PRUSSIENS A DIJON. — ASSASSINATS DE DROUHIN, A BONCOURT ; DE PIERRE DUBAND, A COLLONGES ; ET DE L'ABBÉ TERRILLON, A SAINTE-COLOMBE-SUR-SEINE.

Aux termes de l'article 3 du texte des préliminaires de paix, l'évacuation du territoire français devait commencer après la ratification du traité par l'Assemblée de Bordeaux. Immédiatement, les troupes allemandes devaient quitter Paris, et dans le plus bref délai possible, les départements du Calvados, de l'Orne.... et de la Côte-d'Or, jusqu'à la rive gauche de la Seine.

Pour tout homme de sens, cela signifie que, par un parallèle passant par les sources de la Seine, tout ce qui est au nord de ce parallèle et à l'est de la Seine reste occupé ; or, Dijon est à 34 kilomètres au sud du parallèle passant par les sources de la Seine, auprès de Chanceaux. Dijon, sur la rive droite de la Seine, est une facétie de géographe allemand qui aurait pu faire rire, si elle n'avait eu pour résultat de faire supporter à la ville de Dijon huit mois d'occupation, malgré les termes du traité.

Et ces huit mois ont été plus durs, plus cruels, plus sanglants que les quatre mois d'occupation pendant la guerre.

Par je ne sais quelle rage de voir la France renaître et son crédit dépasser celui de l'Allemagne, officiers et soldats se sont livrés à des brutalités sans excuse, partout où ils étaient en cantonnement.

Presque tous les jours, pendant cette longue période, de paisibles citoyens, des vieillards, des femmes, des prêtres ont été frappés à coups de plat de sabre ; un soir, il y a eu jusqu'à cinquante personnes atteintes. C'était, pour les bandes de cavaliers, une petite fête quotidienne d'assommer des Français désarmés. Quand on réclamait aux officiers, ils répondaient : « *Que voulez-vous ? Nous ne pouvons pas retenir le courage de nos soldats.* »

Le 1er février, arrivent à Dijon de nombreuses troupes prussiennes. Les magasins étaient fermés ; ordre est donné de les ouvrir sans délai : « *ils seront respectés* ».

Aussitôt, boulangers, charcutiers, pâtissiers, marchands de tabac, sont mis au pillage, et les Prussiens volent des montres, des bagues, chez les horlogers et bijoutiers. Le colonel du 61e, von Kenisbech, fait ripaille pendant de longues heures à l'hôtel de la Ville-de-Lyon, et quand le quart d'heure de Rabelais va sonner, il déguerpit sans dire mot.

Pendant ce temps, les Prussiens fusillent des garibaldiens au Creux-d'Enfer, à Larrey, un mobile à l'Aquebuse ; ils arrêtent trois répétiteurs au lycée qui s'étaient permis de chanter des chansons patriotiques, s'emparent du bois amené de la campagne, et, en guise de paiement, donnent des coups de plat de sabre aux conducteurs.

Le 1er mars, un ouvrier qui crie: Prussiens, capout! est assailli à coups de sabre au coin de la rue François-Rude. Il tombe la tête fendue, et on l'emporte à l'hôpital.

Fournier, de Marsannay, commet l'imprudence d'entrer chez un bourrelier de la rue Brulard, son confrère, où des soldats allemands étaient attablés. Le malheureux jeune homme est poursuivi par les brutes des bords de la Sprée, frappé à coups de sabre. Il pare les coups avec le bras et reçoit trois blessures; ses agresseurs lui volent sa montre, sa chaîne et 15 fr.

Le 10 mars, deux de ces brutes d'outre-Rhin, logés chez Pion, jardinier, faubourg Raines, y avaient dîné copieusement; on était allé jusqu'au café. Mais comme cela ne leur suffit point, ils redemandent du vin. Madame Pion le leur refuse. Aussitôt ils se jettent sur elle, la frappent à tort et à travers, à coups de crosse de fusil. Le père accourt, il reçoit le même traitement. Le fils Pion veut secourir ses vieux parents. Un violent coup de crosse lui enfonce deux côtes et le renverse; il essaie de se relever; un soldat de Bismarck lui décharge son fusil dans le ventre, à bout portant.

Des officiers allemands viennent voir le moribond et promettent de rechercher les coupables, qui s'étaient sauvés après leurs exploits. Ce crime, comme tant d'autres, est resté impuni!

Un caporal du 17me chasseurs est attaqué rue Saint-Philibert, devant le lycée, par deux soldats allemands, il reçoit un coup de sabre qui le blesse grièvement à la tête.

Madame veuve Montel, âgée de soixante-deux ans, est jetée à terre devant l'hôtel du Sauvage, et s'ouvre le crâne sur le trottoir.

Le 11 mars, le maire de Savigny-le-Sec est amené à Dijon, la corde au cou par les Allemands qui se plaignent qu'un cheval leur ait été volé dans le village. Nouvel Eustache de Saint-Pierre, M. Gagnereaux obtint sa mise en liberté, grâce à l'intervention du Préfet.

Le dimanche 19 mars, des Prussiens assomment, à coups de bûches, M. Devillebichot, adjoint à Talant, et blessent d'un coup de sabre son fils à la tête.

A BONCOURT.

A la fin du mois de février, quelques officiers allemands occupaient leurs loisirs à relever le plan du terrain où s'était livrée la bataille de Nuits. Un nommé Drouhin, de Boncourt, en état d'ébriété, revenait de Nuits et les trouve en opération sur le territoire de la Berchère. Il s'avance vers les officiers et leur dit : « *Vous feriez mieux de vous en retourner chez vous que de rester encore pour nous voler* ». — Furt ou capout! répondirent-ils.

— Non, pas Furt! — Et, s'arrêtant près d'un tas de pierres, il en remplit ses mains et se tint dans l'attitude d'un homme décidé à se défendre.

Alors l'un de ces officiers prend son revolver et en décharge deux coups sur l'infortuné Drouhin ; une balle l'atteint à la cuisse, l'autre au ventre, et il tombe sur le tas de pierres. Une voiture vint à passer ; les officiers prussiens la réquisitionnent, donnent au conducteur l'ordre de charger le moribond sur le véhicule et de le conduire à l'hôpital de Nuits, où il expire quelques heures après, dans d'horribles souffrances.

COLLONGES.

Au lendemain de l'armistice, un détachement d'infanterie allemande, protégé par un peloton de cavalerie, quitta la route de l'Etang-Vergy pour gagner le village de Bévy, puis, se jetant sur la gauche, il se dirigea, sous bois, sur Collonges.

Il avait en quelque sorte dissimulé sa marche et feint de vouloir se rendre dans la vallée de l'Ouche, à Veuvey ; mais son but réel était de s'emparer par surprise, pour le ravitaillement de l'armée, d'un troupeau de gros bétail qui paissait dans la forêt.

A l'approche des Allemands, le pâtre, pressentant un malheur, s'efforce de rallier son troupeau et fait des efforts pour l'entraîner vers Chevannes. Mais les Teutons l'ont bientôt cerné et chassé sur Collonges ; toujours intelligents, les chiens du troupeau communal parviennent à pousser vivement et à ramener aux étables vides quelques-unes des vaches que le matin on avait fait sortir sans la moindre défiance. Cette retraite précipitée et en désordre d'une faible partie du troupeau, porte la panique dans le village. Arrive le pâtre éperdu, hors d'haleine, mettant le comble par ses paroles affolées, incohérentes, au désarroi, à la consternation ; les femmes jettent les hauts cris, excitent leurs maris à aller reprendre leurs bestiaux ; ils courent à Collonges, et là, au milieu du village que traversent les ravisseurs, chacun de ces malheureux, reconnaissant son bien, s'écrie : « Ma vache, ma vache » ! Les Prussiens accueillent les Chevannais à coups de crosse de fusil ; l'un d'eux mourut plus tard des suites de blessures qu'il reçut en cette circonstance.

Pierre Duband, de Chevannes, parvient à entraîner sa vache dans la cour de la ferme avoisinant le château. Un cavalier le poursuit et lui donne un coup de sabre. Obligé de lâcher prise, il revient hardiment vers la bande ennemie, reproche aux chefs cet acte de pillage en pleine paix : un coup de baïonnette lui laboure les flancs et répond à ses arguments.

Le martyr trouve encore la force et le courage nécessaires pour maudire les lâches ravisseurs ; il retient ses entrailles qui lui sortent du ventre, et va mourir, après une agonie épouvantable, sur un lit de la ferme de M. Modot.

Sur la tombe qui lui a été élevée, on trouve cette inscription qui renferme une pensée patriotique :

ICI REPOSE
PIERRE DUBAND,
ÉPOUX DE MARGUERITE VALOT,
NÉ A CHEVANNES
LE 24 AVRIL 1841,
DÉCÉDÉ A COLLONGES
LE 4 MARS 1871,
LAISSANT SA VEUVE
ET SA FAMILLE INCONSOLABLES.

Après 20 heures d'horribles souffrances, il est mort en citoyen courageux, victime de la barbarie et des atrocité commises en ce pays par les soldats allemands.

Passant, souviens-toi!

SAINTE-COLOMBE

Le 29 mars, Sainte-Colombe-sur-Seine fut occupé par des artilleurs et des uhlans ; les premiers, arrivés le matin, se montrèrent d'une exigence outrée pour obtenir des réquisitions : il fallait nourrir hommes et chevaux, et déjà on en était venu, dans certaines maisons, aux moyens violents.

Les uhlans ne furent pas moins exigeants, et ce qui exaspérait cette population épuisée par des réquisitions sans nombre, c'est qu'on gaspillait les denrées qui allaient faire défaut.

M. l'abbé Terrillon, qui se trouvait ce jour-là chez sa mère, voulut s'opposer au pillage du peu de foin qui restait à la ferme. Aidé de deux domestiques de la maison, il résista courageusement aux exigences des Allemands ; mal lui en prit, car dès cet instant sa mort fut résolue.

Le poste fut prévenu, et le soir même, entre onze heures et minuit, les soldats désignés pour exécuter ce guet-apens odieux et sans nom se rendent chez Madame Terrillon, pénètrent dans ses appartements et, n'y trouvant pas l'abbé, ils fouillent la grange et aperçoivent M. Terrillon et les deux domestiques qui faisaient le guet.

Une lutte s'engage, lutte sans trêve ni merci. C'est l'abbé qui est le point de mire des barbares ; ils tirent sur lui à bout portant, ils le blessent à l'épaule et au bras, puis lui fendent la tête à coups de sabre ; l'infortuné tombe pour ne plus se relever. Son cadavre est jeté dans la rue, traîné dans un fossé où les Allemands le laissent, le gardant à vue, pour que personne ne puisse le transporter à la maison et lui rendre les derniers devoirs.

Les deux domestiques sont blessés également, mais sans gravité ; ils parviennent à s'échapper par des passages donnant sur la campagne.

Pendant que ce meurtre sans nom s'accomplissait, un frère de la victime était allé prévenir l'autorité ; mais, à son retour, le crime était consommé, et il fut lui-même arrêté, garrotté, maltraité et conduit au poste, pour n'être remis en liberté que le lendemain.

Les Allemands ajoutèrent à leur crime en retenant le cadavre de l'infortuné Terrillon ; il ne fut remis à la famille qu'après le départ des dernières troupes, le 1er avril.

Dans la nuit du meurtre, le presbytère était envahi, mis à sac, pillé de fond en comble, et cela sans motif apparent, sans raison, et sans qu'aucune autre maison du village ait eu à subir le même sort.

Toutes ces violences, toutes ces brutalités, tous ces crimes inutiles indiquent que les Allemands nous ont fait une guerre de brigands, et donnent une idée peu avantageuse de la fameuse discipline allemande.

Des soldats qui rôdent toute la nuit et dégainent à tout propos sur des gens inoffensifs, sont-ils disciplinés ? Sous l'œil et la main de l'état-major, ils ont peur, ils se tiennent bien ; mais, dans les faubourgs, ils volent ; à la campagne, ils pillent et ils assassinent.

Ils ont quitté Dijon le 28 octobre 1871, après avoir enseigné la haine à ceux qui ont dû souffrir leur contact. On ne l'oublie pas. Ils sont du moins partis assez à temps pour que, le jour anniversaire de la bataille de Dijon, la patriotique population pût pleurer ses morts sans que le cimetière fût souillé par la présence de ceux qui nous ont dépouillés après nous avoir vaincus.

CHAPITRE XXVII

LES HÉROS CIVILS DE LA DÉFENSE NATIONALE.

Aux noms des héros et des martyrs de la défense locale, aux actes de dévouement et d'héroïsme accomplis dans le département, nous pensons qu'il est bon de consacrer un chapitre aux actes de même nature accomplis sur les différents points du territoire envahi pendant la lutte avec les Allemands. Dans cette rapide revue, nous allons trouver les noms d'ouvriers, d'instituteurs, de magistrats, de prêtres, d'artistes, de femmes et d'enfants : c'est que le dévouement à la Patrie appartient à tous ; c'est qu'il n'est pas besoin de porter un uniforme pour l'aimer et être capable de mourir pour elle.

Nous commencerons ce nécrologe par raconter les traits de courage et de dévouement, le martyre et la mort de trois instituteurs du département de l'Aisne, mes compatriotes et mes amis.

DEBORDEAUX, DE PASLY

C'est d'abord Jules Debordeaux, instituteur à Pasly, l'un de ceux qui, dans ces jours néfastes, ne désespérèrent point de l'avenir de leur pays trahi par la victoire. Jeune encore (il avait moins de 27 ans), Debordeaux jouissait d'une légitime influence dans sa commune et les localités voisines. Il fut l'âme de la résistance dans le Soissonnais ; il ranima autour de lui la flamme assoupie du patriotisme ; il souleva, rassembla et conduisit au feu des paysans armés de fusils à percussion, de fusils Lefaucheux, et d'autres armes de moindre valeur.

Les Prussiens avaient commencé l'attaque de Soissons par la rive gauche de l'Aisne. Ils s'apprêtaient à établir un pont de bateaux à Pommiers, afin de compléter l'investissement ; mais l'alarme est donnée dans le village, et les habitants allèrent demander des secours à Pasly, à Vauxrezis, où les gardes nationales venaient d'être armés. Debordeaux vole à Pommiers et fait le coup de feu avec quelques habitants du village. Un bateau d'ennemis est arrêté par ces démonstrations hostiles. Les Allemands jugent prudent de se retirer, et le courageux instituteur comprend qu'il n'y a pas un instant à perdre. Il court à Vauxrezis, où son collègue *Poulette* avait organisé la garde nationale ; il va trouver l'un après l'autre les hommes sur lesquels il croit pouvoir compter, les échauffe, les entraine, fait passer dans leur cœur l'ardeur dont il est animé.

Réunis à l'heure du danger, les gardes nationaux de Pasly et de Vauxrezis marchent au combat sous le commandement de Debordeaux. Des Prussiens attaqués par ces soldats improvisés se cachent dans les caves et les hangars du château et de la ferme de Rochemon, où ils s'étaient établis. Les gardes nationaux, ne trouvant pas d'ennemis dans la ferme, se dirigeant vers la rivière, se déploient en tirailleurs et tirent un peu au hasard sur les troupes restées sur l'autre rive. A 2 heures du matin, ne recevant pas les renforts promis par le commandant de la place de Soissons, Debordeaux se retire avec sa petite troupe par des chemins détournés. Aussitôt les Prussiens établissent leur pont de bateaux, franchissent l'Aisne, envahissent le village de Pommiers à 3 heures du matin et se livrent à toutes les brutalités imaginables.

Dénoncé par des traîtres pour des actes de patriotisme, l'infortuné Debordeaux est arrêté à Pasly ; il est saisi et solidement garrotté, puis on l'accable d'injures et de mauvais traitements. Confronté avec ses accusateurs, on demanda à ces misérables s'ils l'avaient vu tirer. Leur réponse affirmative fut une sentence de mort, et, sans autre forme de procès, l'officier qui présidait à l'interrogatoire s'écria : « Vous allez être fusillé entre Pasly et Cuffies, sur la montagne ». Cet arrêt reçut immédiatement son exécution. Pâle et abattu, Debordeaux marcha avec courage au lieu de supplice. Renversé d'un premier coup de feu, le malheureux jeune homme se relève et essaie de fuir ; un second coup de feu le rejette à terre ; il se relève une dernière fois ; mais, criblé, il retombe pour jamais. Son cadavre mutilé fut abandonné par les ennemis ; ce ne fut que le lendemain que les habitants de Pasly purent lui donner la sépulture.

Cette odieuse exécution ne devait pas être la dernière.

LOUIS POULETTE, DE VAUXREZIS.

Le lendemain, 10 octobre, à 3 heures du matin, les Prussiens arrivent à Vauxrezis, localité désignée à leur vengeance par les dénonciateurs de Pommiers, et y renouvellent les scènes de pillage et de violence de Pommiers et de Pasly. Comme à Pasly, l'instituteur fut l'un des principaux objets de la haine et de la fureur des Prussiens.

Louis Poulette, jeune aussi, 30 ans à peine, n'avait pas l'ardeur belliqueuse de Debordeaux ; mais il n'en fut pas moins un héros à sa manière, dans ces jours lugubres. Il avait dressé la liste des gardes nationaux, il connaissait les noms de ceux qui avaient fait le coup de feu avec son collègue Debordeaux à Pommiers, et, pour déjouer les projets de vengeance de l'ennemi, il avait anéanti cette liste. Sans se laisser ébranler par les menaces des Prussiens, sans se laisser troubler par la perspective du sort qui lui était réservé, il refusa de faire connaître les noms de ceux de ses concitoyens qui avaient pris les armes. Malheureusement le garde champêtre Poitevin avait pris copie de la liste des gardes nationaux à la mairie pendant une absence de l'instituteur ; le traître la livra aux Prussiens, et aussitôt Poulette fut saisi, solidement garrotté et gardé à vue. Pendant qu'on l'interrogeait, ainsi que d'autres compagnons d'infortune, qu'on les fouillait, qu'on les torturait, les Prussiens avaient la cruauté d'obliger la pauvre femme de l'instituteur, malgré sa douleur et son désespoir, à préparer le repas des trois officiers qui les commandait.

La condamnation, après un jugement pour la forme, ne se fit pas attendre, pas plus que l'exécution : à 10 heures du matin Poulette et deux autres habitants de Vauxrezis tombaient sous les balles prussiennes, et, détail horrible ! on força les otages qui avaient assisté à l'exécution à enterrer les morts et piétiner le sol qui les recouvrait.

JULES LEROY, DE VENDIÈRES.

Leroy exerçait ses fonctions à Vendières, jolie commune, entourée de collines pittoresques, située non loin des rives du Petit-Morin, à l'extrême sud de l'arrondissement de Château-Thierry, aux confins de la Marne et de Seine-et-Marne. Une compagnie de francs-tireurs s'y était formée à la fin de 1870 : elle ne tarda pas à attirer l'attention de l'ennemi, car, dans les premiers

jours de janvier, deux cantiniers et deux cantinières, attachés à
l'armée allemande, furent surpris et emmenés à Vendières. Les
deux hommes parvinrent à s'échapper. Huit jours après, le 18
janvier 1871, une colonne prussienne arrivait à Vendière, conduite par les cantiniers.

Il était à peine jour. Les francs-tireurs qui se trouvaient dans
le village se dispersent dans toutes les directions. Les Prussiens
se précipitent dans les maisons, les fouillent de fond en comble,
sans pouvoir trouver rien de compromettant. Mais les cantiniers
prétendent reconnaître l'instituteur Leroy comme l'un des chefs
de la compagnie. Ils le désignent aux soldats qui l'arrachent de
sa classe, l'accablent de coup de pied et de coup de crosse, le
menacent de leurs revolvers et l'entraînent avec eux avec 9 autres personnes de la localité. On les fait monter sur un chariot
abandonné par les francs-tireurs, et on les dirige sur Nogent-
l'Artaud, pour de là être conduits à Châlon. On les entasse
dans un wagon à bestiaux ; on les lie ensemble avec une même
corde, ce qui les empêche de faire un seul mouvement.

A Dormans, à l'arrivée du train, le commandant de place s'é-
lance furieux dans le wagon et, se tournant vers le malheureux
Leroy qui semble être le principal objet de la haine de l'ennemi : « Combien as-tu d'élèves ? — Soixante. — Soixante brigands, soixante canailles ! » Puis, lui tirant violemment la
barbe : « Voilà un instituteur de cette grande Nation ! Voilà un
instituteur de cette Nation, la plus civilisée de l'Europe ! » Et
sans doute, pour lui prouver la supériorité de la civilisation
allemande, il cracha à la figure d'un prisonnier ayant pieds et
poings liés.

Arrivés à Châlons le 20 janvier, les malheureux habitants de
Vendières furent traduits devant le conseil de guerre, et quatre
d'entre eux furent condamnés à mort. Leroy était du nombre.
Le 20 janvier, au soir, le commandant allemand avait adressé à
la municipalité une réquisition de 4 cercueils. Le 22 janvier vers
7 heures du matin, les 4 condamnés étaient traînés derrière le
manège et adossés à un mur.

« Venez, criait Leroy pendant le trajet, venez voir, habitants
de Châlons, comment meurt un Français innocent ! »

Quatre trous avaient été creusés, et au bord de chaque fosse
était une bière. A 7 heures un quart, les 4 prisonniers tombaient
sous les balles allemandes. Leurs corps furent enterrés sur place.

Détail affreux ! Leroy n'a été atteint que le dernier ; il a dû
voir tomber successivement sous ses yeux ses trois compagnons.
Jusqu'au dernier moment, il tint sa main droite levée, comme
pour affirmer encore son innocence.

A la suite de l'exécution, les prisonniers rendus à la liberté
sont conduits à la Commendature, et là, le commandant leur
tient ce langage : « Justice vient d'être rendue, une belle et bonne
justice. Vous allez retourner chez vous ; publiez partout que l'armée allemande est juste, qu'elle sait rechercher les coupables
et les punir. »

Telle a été la conduite et la fin de ces trois courageux maîtres de l'enfance.

Il est juste de dire, à l'honneur de notre temps, que les hommages publics et privés n'ont pas manqué à ces touchantes victimes de la cruauté de nos ennemis, sans parler des marques effectives d'intérêt que le Gouvernement de la République et le Conseil général de l'Aisne n'ont cessé de donner aux familles de ces trois instituteurs ; rien n'a été négligé pour perpétuer le souvenir de leur fin à la fois lamentable et glorieuse. Une magnifique pyramide a été élevée en l'honneur de Debordeaux sur le lieu même de son exécution ; la tombe de Poulette à Vauxrezis est surmontée d'un modeste mausolée; à Vendières, où a été ramené le corps de Leroy, les instituteurs de l'arrondissement de Château-Thierry ont fait aussi élever un monument sur sa tombe.

Mais ces trois instituteurs ont été l'objet d'un témoignage plus honorable encore. Dans sa session de novembre 1871, le Conseil général réuni pour la première fois depuis la guerre, décidait, sur la proposition de Henri Martin, qu'une plaque commémorative serait érigée à l'école normale en l'honneur de Debordeaux, Poulette et Leroy, afin que : « *les élèves-maîtres eussent toujours devant les yeux le souvenir de ces vaillants instituteurs qui ont accompli noblement leur devoir envers la France et ont sacrifié leur vie pour la défense de la Patrie.* »

Cette plaque, en marbre noir, a été solennellement inaugurée le 20 août 1872, et placée sur le perron de l'escalier monumental de l'école normale. On y lit l'inscription suivante, qui est l'œuvre de notre regretté et éminent historien national :

A LA MÉMOIRE

DE DEBORDEAUX JULES-DENIS
Instituteur à Pasly

DE POULETTE LOUIS-THÉOPHILE
Instituteur à Vauxrezis

fusillés par les Prussiens pour avoir défendu leur pays
les 10 et 11 octobre 1870

ET DE LEROY JULES-ATHANASE
Instituteur à Vendières

victime d'une inique condamnation de la part de l'ennemi

le 22 janvier 1871

LE CONSEIL GÉNÉRAL DE L'AISNE
A ÉRIGÉ CE MONUMENT.

Ajoutons qu'en 1872 les traîtres qui avaient dénoncé à l'ennemi les deux instituteurs Debordeaux et Poulette, comparurent devant un conseil de guerre, et que le garde champêtre Poitevin, de Vauxrezis, et Arnould, de Pommiers, furent condamnés à mort.

LE JARDINIER DEBERGUE.

Peu de jours après l'investissement de Paris, un régiment prussien s'établit à Bougival. Son premier soin fut d'établir un télégraphe reliant ce village à Versailles, où se trouvait l'état-major. Le lendemain le fil était coupé. On le rétablit ; de nouveau il fut coupé, ainsi de suite à cinq reprises différentes. Un jardinier de l'endroit, soupçonné d'avoir commis cet acte, fut traduit devant une commission militaire et interrogé.

— Votre nom ?

— François Debergue.

— Est-ce vous qui avez rompu nos fils télégraphiques ?

— Oui, c'est moi.

— Pourquoi avez-vous fait cela ?

— Parce que vous êtes l'ennemi.

— Libre, recommenceriez-vous ?

— Oui.

— Pourquoi ?

— Parce que je suis Français.

Il fut condamné à mort. La nouvelle produisit une grande émotion dans le pays. Les habitants offrirent une rançon de 10,000 fr. aux Prussiens. Debergue refusa d'accepter. « Je ne veux pas, dit-il, qu'on donne de l'argent pour me sauver la vie ; demain je recommencerais, et je ne ferais que mon devoir de Français. »

Le 26 septembre 1870, on conduisit le jardinier au lieu d'exécution ; on l'attacha avec une corde au tronc d'un arbre. L'officier qui commandait le peloton demanda un mouchoir pour bander les yeux du condamné. « Tenez, prenez le mien dans ma poche », lui dit Debergue. Une minute plus tard, il était mort.

LA JEUNE SUZANNE DIDIER.

Au commencement de la campagne de 1870, dans le hameau de Villedieu, aux environs de Metz, une jeune paysanne, *Suzanne Didier*, était restée seule à la maison avec son frère âgé de 5 ans. Tout à coup on frappe à la porte ; elle est saisie d'épouvante en entendant un cliquetis d'armes.

— Ce sont des uhlans, sans doute, dit-elle. Et elle garde le silence.

Les coups redoublent à la porte, et des voix rudes crient : « Ouvrez, ou nous enfonçons la porte ! »

Suzanne Didier ouvre et voit entrer avec terreur des Prussiens qui lui demandent à boire et à manger, et qu'elle doit servir.

— Maintenant, disent les ennemis, vous allez répondre à toutes nos questions : un détachement de soldats français a passé par ici, il y a 2 heures : quelle direction a-t-il prise ?

A ces mots, la jeune fille pâlit. Elle avait dans l'armée son frère et son fiancé. Elle savait que les ennemis espionnaient la marche de nos troupes, et que, s'ils pouvaient se rendre compte de leurs manœuvres, ils leur infligeraient, par surprise, un nouveau désastre.

—Est-ce à moi, dit-elle, qu'il faut demander ce que font nos soldats ?

—Si tu ne parles pas, nous saurons bien t'arracher ton secret par force.

— Je suis femme : est-ce donc aux femmes que vous faites la la guerre ?

— Assez de paroles. Nous n'avons pas un instant à perdre. Suis-moi dehors et appuie-toi contre cet arbre. Vous, soldats, couchez en joue ! Si tu ne réponds pas à nos questions, ou si tu y réponds par des mensonges, tu seras fusillée. Parle !... »

Suzanne Didier regarda les soldats avec terreur, puis baissa la tête, puis réfléchit. Une image passa devant ses yeux : celle de la France à feu et à sang, jonchée de morts, plongée dans le deuil. Puis elle songea à son fiancé, à son frère, à tant de jeunes gens qui s'exposaient comme eux pour le salut de la Patrie. Et alors relevant la tête, sentant combien la vie a peu de prix au milieu de tels désastres, elle regarda en face les fusils braqués sur elle et ne répondit pas.

— Une seconde fois, je te l'ordonne, parle ! Elle ne répondit rien.

— Une troisième fois, parle !

Même silence.

— Soldats, feu !

Et l'héroïque jeune fille tomba percée de balles.

L'ABBÉ MIROY, CURÉ DE CUCHERY (Marne).

Le 6 février 1871, les Prussiens qui levaient des contributions à Cuchery et à Belval, entendirent des cris, et reçurent des coups de fusils ; ils voulurent se venger sur les habitants. Ceux-ci, terrifiés, coururent chez le curé, l'abbé Miroy, en le conjurant d'intercéder pour eux. Il était 3 heures du matin ; l'abbé s'habilla à la hâte ; mais, à peine arrivé à Belval, il fut arrêté et traîné devant le commandant, qui, sur la foi d'une dénonciation, l'accusa d'avoir excité ses paroissiens à la révolte. Le curé était absolument innocent du fait, et il aurait pu le prouver sans peine ; mais il comprit que s'il se justifiait, on trouverait d'autres coupables. Il ne se défendit pas et paya de sa vie son dévouement. Reims a élevé un monument dans le cimetière de la ville en l'honneur de ce prêtre patriotique et héroïque.

MADEMOISELLE JULIETTE DODU.

Mademoiselle Dodu était directrice du bureau télégraphique à Pithiviers. Surprise par les Prussiens qui voulaient se servir d'elle pour tromper les Français par de fausses dépêches, elle sut tromper l'ennemi, elle sut avertir ses compatriotes ; si elle échappa à la mort, ce fut un miracle. Elle l'avait dix fois méritée, selon les règles établies par un vainqueur sans pitié. Jamais croix de la Légion d'honneur n'a été mieux placée que sur le cœur de cette Française.

LE MAGISTRAT DESMORTIERS.

Agé de 71 ans, il se battit avec courage contre les Prussiens, le 22 septembre 1870. Il fut pris les armes à la main et fusillé. Placé en face du peloton d'exécution : « Je meurs content, puisque je meurs pour ma Patrie. »

LE MARQUIS DE CORIOLIS.

Pour montrer le bon exemple aux jeunes gens, le marquis de Coriolis, âgé de plus de 60 ans, s'engage en 1870, comme simple soldat dans un régiment de marche. Toujours le premier lorsqu'il s'agit d'affronter un péril, il trouve la mort des héros à la journée de Montretout, le 18 janvier 1871.

LE PEINTRE HENRI REGNAULT.

Il avait 27 ans, il avait remporté le grand prix de Rome pour la peinture. A ce titre, il était exempté de tout service militaire. Il était riche, heureux ; il possédait déjà la gloire à un âge où tant d'autres n'ont que l'ambition et l'espérance. La vie ne lui promettait que des triomphes. Pourtant, aussitôt qu'il apprit que Paris, sa ville natale, allait être assiégée, il accourut d'Afrique afin d'être là parmi ses défenseurs. Hélas ! le même jour où le vieux marquis de Coriolis tombait à Montretout, Henri Regnault trouvait la mort à Buzenval.

CHAPITRE XXVIII

UN DERNIER MOT AUX JEUNES GENS DE LA CÔTE-D'OR.

Depuis Iéna, l'Allemagne silencieuse préparait sa vengeance, la Prusse sortait de la lutte humiliée, à moitié détruite par les clauses du traité de Tilsitt, mais pleine d'un ressentiment sauvage contre la France. Dès lors, elle n'eut plus qu'une pensée, celle de la revanche. Elle ne pouvait oublier que Napoléon avait passé sur son corps, qu'il l'avait tenu dans sa main et qu'il avait pétri la chair de la Patrie sous le sabot sanglant de la « cavale *indomptable et rebelle* » des *Iambes* de Barbier. Ce peuple

froid et barbare, malgré sa poésie et sa prétendue civilisation, ne
sait ni oublier ni pardonner ; il y a quelque chose de sauvage
dans la ténacité rusée de sa haine. De plus, il est insolent ; il
faut qu'il fasse sentir le talon de sa botte à l'ennemi à terre.
« Quand, à Sedan, la capitulation fut signée, quand notre désastre fut complet, les musiques des régiments prussiens se mirent
à jouer par ironie « la Marseillaise. » Quand, après cinq mois
d'une résistance acharnée, Paris, réduit par la famine, dut capi-
tuler à son tour, quand Jules Favre alla à Versailles porter
l'humiliation suprême, M. de Bismarck annonça la nouvelle aux
siens en sifflottant entre ses dents et en disant : « La bête est
morte !. . . . »

Aujourd'hui encore, après nous avoir arraché deux de nos plus
patriotiques provinces et cinq milliards, après quinze années de
gloire et de toute-puissance, la haine de l'Allemagne n'a pas
désarmé. Dans les écoles, dans les casernes prussiennes, les
chants en honneur sont ceux qui ont pour but d'exciter les jeunes générations à la haine de l'ennemi héréditaire, à l'anéan-
tissement de tout ce qui est français.

Ecoutez l'un de ces chants ; il vous touche de près :

OU EST LE RHIN ?

Il coule sur la terre allemande. Remarquez cela, Français, vous qui n'entendez rien à la géographie. Et si, par malheur, nous n'avions dormi pendant des siècles, vous ne nous auriez pas disputé, SCÉLÉRATS, les rives de
notre fleuve.

Aujourd'hui, nous vengeons les hontes que vous avez infligées au peuple
allemand. Nos braves sont en route, et, l'épée à la main, ils vont nettoyer
nos frontières des Zouaves et des Turcos.

Car les pays allemands que vous nous avez volés sont l'Alsace, la Lorraine et la BOURGOGNE ! Riez seulement ! Riez ! Bientôt vos dents claque-
ront de frayeur !

Nous vous reprendrons ces trois provinces ; nous les arracherons de vos
griffes !... Nous referons l'honneur allemand aux dépens de la gloire française, et nous nous établirons en maîtres sur les deux rives du Rhin !...

Et il y a des gens qui disent encore après cela qu'il faut oublier
toutes les hontes, toutes les humiliations, toutes les angoisses de
la dernière invasion, pour ne songer qu'à l'humanité ; que tous
les peuples sont frères ; que l'idée de Patrie est surannée et
qu'elle a fait son temps. C'est là une utopie dangereuse. Est-
ce que cette humanité est venue à notre secours aux jours du danger ? Est-ce qu'elle ne nous a pas laissé piller, rançonner, démembrer ? Est-ce qu'elle nous a aidés à payer nos cinq milliards ?

Vous ne pouvez oublier, vous , que le département de la
Côte-d'Or, le fleuron de cette belle Bourgogne, que les Allemands
revendiquent, a été cruellement frappé ; que le Teuton, altéré de
sang et de rapines, l'a meurtri à la face ; que, presque tout entier, il a vu les talons des soldats de Bismarck, car, sur 717 communes, 638 ont eu la douleur d'avoir à loger, à nourrir, à supporter ceux-là mêmes qui étaient venus auparavant, humbles et à
plat ventre, lui demander le pain et le sel ; que le montant des

pertes résultant de l'invasion, des pertes *déclarées et constatées*, a dépassé 16 millions de francs pour la Côte-d'Or !

A ces pertes en argent, à ces mobiliers brisés, volés, à ces maisons incendiées, à ces troupeaux emmenés de gré ou de force, pour la subsistance d'ennemis qui, mourant de faim chez eux, se gorgeaient ici de chair et de vin, il faut ajouter les humiliations, les douleurs, les crimes et les atrocités qui nous font retourner en arrière jusqu'au moyen âge.

Et on voudrait que vous oubliiez ! . . . .

Voyez-les donc ces haineux Badois dès leur entrée dans la Côte-d'Or : leur premier soin est d'organiser la terreur à Talmay, à Jancigny, d'exercer leurs vengeances sur les faibles et les innocents. — Suivez-les à Dijon, vous les verrez tirant sur les ambulances, portant partout le fer et la flamme pour avoir plus tôt raison d'une résistance imprévue, acharnée.

A chaque page de ce modeste récit apparaît l'odieux de la guerre qui nous est faite. Peut-on lire sans émotion les souf- frances et l'exécution du malheureux meunier de Marac, *Louis Vigneron*; — la mort de ce noble et brave enfant, *Léon Mesney de Boisseaux,* que les fauves d'outre-Rhin ont martyrisé à Nuits ? Les meurtres froids, prémédités de Sirdey à Poncey, de Péchinot à Boussey, de Thévenot à Bussy, de Verrières à Saint-Seine, de Cuisinier à Thil-Châtel, de l'abbé Frérot à Verrey, ne sont-ils pas de nature à vous montrer la somme de haine que les Prussiens avaient contre la France ?

Est-ce que votre cœur ne bondit pas d'indignation au souve- nir de ce pauvre village de Champagny, incendié, ruiné de fond en comble, tandis que ses habitants, condamnés à mort par un impitoyable vainqueur, sont placés à dessein sur un tertre d'où ils aperçoivent leurs maisons en flammes et où ils subissent le mar- tyre du simulacre de l'exécution ?

Est-ce que vous pouvez oublier le massacre de l'ambulance d'Hauteville, où ni brassards, ni uniforme, ni drapeaux de la Convention de Genève n'empêchent les Prussiens de tuer et de piller, de massacrer les infirmiers et les jeunes filles de la maison où l'ambulance était établie ?

Est-ce que la scène de cannibales qui s'est passée au château de Pouilly ne doit pas être clouée au pilori de l'histoire ?

Pensez-vous qu'une nation qui a la prétention d'être civilisée, peut, sans forfaire à l'honneur, commettre après une armistice, des crimes tels que l'assassinat de Drouhin à Boncourt, de Dubard à Collonges, de l'abbé Terrillon à Sainte-Colombe ?

Si vous n'étiez pas convaincus, nous n'aurions, pour résumer le tableau de l'invasion et pour vous faire connaître le caractère de la guerre qui nous a été faite, qu'à nous en référer aux aveux mêmes de nos ennemis qui ont pris soin de qualifier leurs pro- pres actes, dans un ouvrage allemand sur la guerre.

Ecoutez :

«*La guerre de* 1870 *prit bientôt un caractère dur et sauvage ;*

et même, parmi les officiers, il s'en trouva beaucoup qui cherchè-
rent à faire sentir de la plus cruelle manière à la population
inoffensive de France leur grossièreté innée et leur brutale outre-
cuidance. Celui qui a été témoin de toute cette guerre n'a eu mal-
heureusement sous les yeux que trop d'exemples de brutalité et
d'arbitraire qui font horreur à l'humanité. Une masse de canailles
afflua en France, comme cantiniers, fournisseurs ou ambulan-
ciers, et vola, pilla, trompa les Français. Ainsi furent commis
bien des actes qui ne sont pas à l'honneur du nom allemand
et à raison desquels les Français sont grandement dans le droit
d'être exaspérés contre nous, et de nous accuser de brutalités et de
barbarie. »

Est-ce assez clair ? Pouvez-vous oublier, alors, qu'on nous
reconnaît le droit d'être exaspérés ?

Lorsqu'après cette lutte de six mois, lutte héroïque et désespérée, il fallut enfin, la mort dans l'âme, déposer les armes,
notre grand poète, *Victor Hugo*, aima mieux se retirer de l'Assemblée nationale plutôt que de donner son adhésion aux conditions d'une paix qui allait démembrer la Patrie ; il exhala alors
son indignation dans des strophes qui sont un cri de désespoir :

. . . .
Entre France et Prusse, on s'abhorre ;
Tout ce troupeau d'hommes nous hait,
Et notre éclipse est leur aurore,
Et notre tombe est leur souhait,

. . . .
Plus de fierté, plus d'espérance,
Sur l'histoire un suaire épais.
Dieu, ne fais pas tomber la France
Dans l'abîme de cette paix !

Heureusement, les craintes de l'illustre patriote ne se sont
pas réalisées. Après tant de malheurs, d'épreuves, de ruines ac-
cumulées, après tant de déchirements intérieurs, la France se
relève sereine et immortelle, comme Athènes au lendemain
de l'invasion de l'Attique. Notre vaillante armée, reformée,
disciplinée, donne chaque jour des preuves de sa valeur et de
son patriotisme, sur les champs de bataille de l'Extrême-Orient
et sur la tombe de ces soldats morts au champ d'honneur on
peut redire avec confiance que la France portera encore plus
d'une glorieuse moisson.

Jeunes gens de notre belle Côte-d'Or, c'est vous maintenant
qui êtes l'espoir de la Patrie : c'est sur vous que nous comp-
tons pour cicatriser la plaie ouverte à son flanc.

Souvenez-vous que vous êtes d'un pays où fermente la sève
du patriotisme ; gravez dans vos cœurs ce que le chef d'état-
major du général Cremer disait en parlant de vos pères : *Il faut*
le proclamer, à l'honneur de la Bourgogne, les habitants de la
Côte-d'Or déployèrent en toutes occasions un dévouement et une
bonne foi au-dessus de tout éloge, traversant les lignes ennemies,
bravant mille fois la mort pour nous apporter des nouvelles. Pour

*savoir ce qu'ils furent pendant la campagne, il faut se représen-
ter les plus dévoués et les plus désintéressés des patriotes.*

Il faut donc qu'il y ait en vous des fibres qui tressaillent au
souvenir du passé ; — au souvenir de ces habitants de Dijon
qui ont vaillamment lutté dans une cause désespérée ; — de ces
braves enfants du Rhône et de la Gironde qui sont venus se faire
faucher à la fleur de l'âge sur le champ de bataille de Nuits, et
dont la suprême consolation en mourant était d'apprendre que
les Prussiens étaient battus ; de tous ces enfants de la Côte-
d'Or qui ont lutté, souffert dans le département, à Champigny ;
— de tous ces martyrs de l'invasion.

Pour nous, si nous avons tenu à faire passer sous vos yeux
tant de scènes sanglantes, si nous vous avons raconté tant
d'histoires douloureuses, c'est parce que, en vous, est l'espoir
de l'avenir, et que :

Nous voulons enivrer de *haine* et de souffrance,
Et préparer des vengeurs à la France !

COPPÉE.

TABLE DES MATIÈRES

TABLE DES GRAVURES

POITIERS. — IMPRIMERIE OUDIN ET Cie

www.ingramcontent.com/pod-product-compliance
Lightning Source LLC
Chambersburg PA
CBHW050015100426
42739CB00011B/2652